Umberto Eco

Schüsse mit Empfangsbescheinigung

Neue Streichholzbriefe

Ausgewählt, übersetzt
und eingerichtet
von Burkhart Kroeber

Carl Hanser Verlag

Die Texte dieses Bandes sind der Kolumne »La Bustina di Minerva« des Römischen Nachrichtenmagazins *L'Espresso* entnommen.

2 3 4 5   10 09 08 07 06

ISBN-10: 3-446-20761-9
ISBN-13: 978-3-446-20761-5
© 2006 RCS Libri S.p.A., Bompiani, Milano
Alle Rechte der deutschen Ausgabe
© Carl Hanser Verlag München Wien 2006
Satz: Satz für Satz. Barbara Reischmann, Leutkirch
Druck und Bindung: Friedrich Pustet, Regensburg
Printed in Germany

Die Wunder des Dritten Jahrtausends.
Drei Prophezeiungen gratis, vielleicht falsche

Die Debatte über den wahren Beginn des neuen Jahrtausends ist noch längst nicht zu Ende, man braucht nur die Zeitungen und Magazine durchzublättern. Also treffen wir eine drakonische Entscheidung. Ich lese gerade wieder einmal den 1903 erschienenen Zukunftsroman *Le meraviglie del Duemila* (»Die Wunder des Dritten Jahrtausends«) von Emilio Salgari, dem »italienischen Jules Verne«, wie er gern genannt wird. Darin werden zwei Personen in so etwas wie einen Winterschlaf versetzt und wachen im Jahre 2003 wieder auf. Was finden sie dort? Flugboote mit schlagenden Flügeln, riesige stählerne Elefanten, die mit ihren Rüsseln den Müll in den Städten aufsaugen, Züge, die mit hundert Kilometer pro Stunde durch unterseeische Tunnel rasen, pneumatische Rohrpost, die schnell wie die E-Mail ans Ziel gelangt, vollautomatisierte Fabriken, die allein mit Elektrizität betrieben werden, und – hört, hört – eine Krise des Sozialismus.

Salgari spricht von *Duemila* für das Jahr 2003, aber er wäre offensichtlich bereit, auch das Jahr 2999 ins *Duemila* zu setzen. So wie wir, wenn wir von den dreißiger Jahren sprechen, die Zeit von Januar 1930 bis Dezember 1939 meinen. Voilà, das ist die Lösung: Jahrzehnte, Jahrhunderte und Jahrtausende werden zwar anders »numeriert«, aber in der Alltagssprache von Null an gezählt: die Fünfzigerjahre, das Zwanzigste Jahrhundert. Vor wenigen Tagen hat nun das Dritte Jahrtausend begonnen, und so werden wir es tausend Jahre lang nennen, in gleicher Weise, wie wir jemanden Philipp oder Emanuel nennen.

Nachdem dies also geklärt ist, bleibt noch die zweite große Plage der letzten zwölf Monate, nämlich daß man von allen Seiten aufgefordert wird, Prophezeiungen für das Dritte Jahrtausend zu machen. Prophezeiungen sollte man niemals machen, es sei denn, man hat göttliche Eingebungen. Aber man kann, wie es jeder tut, der zum Beispiel eine Urlaubsreise antritt und sich überlegt, wie das Wetter sein wird oder was er am Strand von Varazze finden könnte, ein paar vorsichtige Prognosen wagen.

Vorsichtige, denn es braucht bloß in sechs Monaten ein riesiger Meteorit ins Mittelmeer zu stürzen, und Ligurien wird zu einem Taucherparadies, während Basel sich in den schönsten Strand der Schweiz verwandelt.

Hier also drei Prognosen für das Dritte Jahrtausend. Erstens: Verblassen der Vorstellung und des Begriffs von Brüderlichkeit. Wenn die westliche Zivilisation sich immer spärlicher fortpflanzt und China schon jetzt nur ein Kind pro Familie erlaubt, werden die Kinder des Dritten Jahrtausends nicht mehr wissen, was ein Bruder und eine Schwester sind, und nur noch in Fabeln und Märchen davon lesen, so wie man heute von Wolfsjungen und vom Flachsspinnen liest. Beziehungsweise, Familien mit mehreren Kindern wird es auf die Dauer nur noch in der hintersten Dritten Welt geben, so daß eine Kinderschar als etwas sehr Exotisches angesehen wird, wie ein Harem oder ein Ring in der Nase – nein, sorry, das nicht, denn alle Prognosen benennen den Ring in der Nase als eine Zierde, die sich unter den Jugendlichen der hochentwickelten Länder immer mehr ausbreiten wird.

Zweite Prognose: Verschwinden der Nationalstaaten und der Archipele von »Zwillingsstädten«, die durch gemeinsame Produktions- und Handelsinteressen zusammengehalten werden, wie Biella und Kuala Lumpur oder München und Harare. Verschwinden werden damit auch die Nationalsprachen als etwas, das man in der Schule lernt, aber es wird auch nicht eine gemeinsame Weltsprache übrigbleiben, sei sie nun das Englische oder das Chinesische. Wir werden es eher so machen wie im Römischen Reich.

Nehmen wir den Apostel Paulus. Geboren in Kilikien (heute wäre er also ein Türke), war er dazu erzogen worden, griechisch zu sprechen und zu schreiben, doch er besuchte die Synagoge und hatte gelernt, die Torah auf hebräisch zu lesen. In Jerusalem sprach er dann aramäisch, aber wenn er nach seinem Paß gefragt wurde, antwortete er auf lateinisch »*civis romanus sum*«, und ich weiß nicht, in welcher Sprache er am Ende (so heilig er war) seine Henker verflucht haben wird.

Letzte Prognose: Ende der Ethik. Eine Ethik verlangt ein Modell des Lebens, das zu befolgen schwierig ist und eine gewisse Anstrengung erfordert. Die Medien werden jedoch als Lebensmodelle immer mehr Personen mit sehr wenig heroischen Tugenden propagieren, die jedoch für alle zum Vorbild geworden sind, weil sie unentwegt im Fernsehen, in der Presse oder im Internet erscheinen. Nicht die heilige Katharina oder Florence Nightingale, sondern Lady Di oder Monica Lewinsky. Alle auf die Altäre! Prost Neujahr.

(6. Januar 2000)

Die Hacker sind systemnotwendig

Die jüngsten weltweiten Virenanschläge aufs Internet dürfen uns nicht wundern. Je komplizierter eine Technik ist, desto angreifbarer wird sie. In einer niedrig fliegenden Propellermaschine war es ein leichtes, mit einem Flugzeugentführer fertig zu werden: Man machte die Tür auf und warf ihn hinaus. In einer interkontinentalen Düsenmaschine kann auch ein Irrer mit einer Schreckschußpistole alle in Schach halten.

Das Problem ist eher das der Beschleunigung des technischen Fortschritts. Nachdem die Gebrüder Wright den ersten Flug versucht hatten, vergingen Jahrzehnte, bis Blériot, Richthofen, Baracca, Lindbergh, Balbo das Fluggerät schrittweise perfektioniert hatten. Das Auto, das ich zur Zeit fahre, kann Sachen, die der alte Fiat 600, auf dem ich den Führerschein gemacht habe, sich niemals hätte träumen lassen, aber wenn ich damals mit einem Wagen wie meinem heutigen hätte anfangen müssen, wäre ich irgendwo im Graben gelandet. Zum Glück bin ich mit meinen Autos gewachsen und konnte mich nach und nach an ihre immer größere Kraft gewöhnen.

Beim Computer dagegen schaffe ich es nicht, rechtzeitig alle Möglichkeiten der Maschine und ihrer Programme zu lernen, bevor eine neue Maschine mit noch komplexeren Programmen auf den Markt kommt. Ich kann auch nicht einfach beschließen, mit dem alten Computer weiterzumachen, obwohl er mir eigentlich genügt hätte, da einige unverzichtbare Verbesserungen nur noch auf den neuen Maschinen laufen. Diese zunehmende Akzeleration hat in erster Linie kommerzielle Gründe (die Industrie will, daß wir unseren alten Computer verschrotten und einen neuen kaufen, auch wenn wir ihn gar nicht brauchen), aber sie ist auch eine Folge der Tatsache, daß niemand die Techniker daran hindern kann, einen stärkeren Prozessor zu erfinden. Und das gleiche geschieht mit Mobiltelefonen, Recordern, Palmtops und dem ganzen digitalen Gerätepark.

Unser Körper könnte sich mit seinen Reflexen nicht schnell genug an Autos gewöhnen, die ihre Leistung alle zwei Monate steigern würden. Zum Glück sind die Autos dafür zu teuer, und die Autobahnen sind, was sie sind. Computer kosten immer weniger, und die Autobahnen, über die sie ihre Botschaften jagen, sind nur selten verstopft. Infolgedessen kommt der neueste Computer auf den Markt, bevor wir es geschafft haben, alles zu lernen, was der vorige konnte. Dieses Drama betrifft nicht nur die gemeinen Benutzer, sondern auch diejenigen, die den Datenfluß kontrollieren sollten, einschließlich der FBI-Agenten, der Banken und sogar des Pentagons.

Wer hat die Zeit, vierundzwanzig Stunden am Tag die neuen Möglichkeiten seines Computers zu studieren? Die Hacker, eine neue Art von Eremiten, die den ganzen Tag mit (elektronischer) Meditation verbringen. Hin und wieder zeigt sich einer von ihnen, wie neulich im Fernsehen, als sich einer in die Rede von Clinton eingeschaltet hatte. Sie sind alle so: bleich, übergewichtig, unbeholfen, unterentwickelt, ausschließlich vor dem Bildschirm aufgewachsen. Während sie zu den einzigen echten Experten einer Innovation mit unerträglichen Rhythmen werden, haben sie Zeit, alle Fähigkeiten der Maschine und des Netzes zu verstehen, nicht aber, eine neue Philosophie über sie zu entwickeln und ihre positiven Anwendungen zu studieren, weshalb sie sich der einzigen unmittelbaren Tätigkeit widmen, die ihnen ihre unmenschliche Kompetenz gestattet: dem Stören, Beschädigen, Destabilisieren des globalen Systems.

Dabei kann es sein, daß viele von ihnen glauben, im »Geist von Seattle« zu handeln, das heißt, sich dem Moloch der Globalisierung entgegenzustemmen. In Wahrheit sind sie jedoch die besten Kollaborateure des Systems, denn um sie zu neutralisieren, muß das System sich immer mehr und immer noch schneller erneuern. Ein Teufelskreis, in dem der Protestler das, was er zu zerstören glaubt, stabilisiert und potenziert.

(15. März 2000)

Vom Lesen im Bett

In dieser Kolumne komme ich immer wieder auf ein paar fixe Ideen zurück. Nicht weil ich von ihnen besessen wäre, sondern weil die Medien sie geradezu zwanghaft immer wieder ansprechen. So stellen sie gerne die quälende Frage, ob wir uns dem Ende jener noblen Tätigkeit nähern, die das Lesen ist. Gewöhnlich mache ich darauf aufmerksam, daß wir überall Buchläden aus dem Boden wachsen sehen, die immer größer und reichhaltiger werden und in denen es von Jugendlichen nur so wimmelt. Auch wenn diese am Ende nichts kaufen – wenn man zwei Stunden damit verbringt, Buchumschläge anzusehen und Banderolen mit Werbesprüchen zu lesen, kommt man danach so heraus, wie es mir als Knabe erging, nachdem ich die letzte Nummer der *Fiera letteraria* gelesen und aus ihr erfahren hatte, daß es faszinierende Bücher gab, die ich dringend lesen mußte und wollte, sobald ich in der Lage sein würde, sie mir zu besorgen.

Allerdings sind diese Jugendlichen nur eine Minderheit, und die Statistiken sagen uns, daß es Millionen Menschen gibt, die nie ein Buch lesen. Viele rechtfertigen sich mit der Behauptung, die harte tägliche Arbeit lasse ihnen keine Zeit zur Lektüre. Das mag für jene gelten, die schwerste unmenschliche Arbeiten machen, aber kaum für die vielen anderen, deren Stunden vernünftiger eingeteilt sind.

Einer der am besten zum Lesen geeigneten Orte ist das Bett. Wem es gelänge, womöglich durch Reduzierung der Zeit, die er vor der Glotze verbringt oder beim Herumhängen in der Kneipe, auch nur eine halbe Stunde für die abendliche Lektüre zu reservieren, käme im Jahr auf über einhundertachtzig Stunden Lektüre, was nicht wenig ist. Alle, die Leser aus Lust und Berufung sind, werden sich an die Schlachten erinnern, die sie als Kinder schlugen, um abends noch lesen zu dürfen: an die Verhandlungen mit den um ihre Augen besorgten Eltern und wie es ihnen womöglich gelang, heimlich mit einer Taschenlampe unter der Bettdecke zu schmökern. Auch angenommen, es tut einem Kind nicht gut, abends im Bett noch zu lesen, würde dieses Kind doch anfangen, diese Gewohnheit zu schätzen, wenn es sähe, wie seine Eltern sie pflegten. Und mit einer richtigen Lampe kann man auch lesen, ohne den müderen Partner zu stören.

Viele unserer Verhaltensweisen werden uns von den Massenmedien nahegelegt. Es heißt, daß der siebenjährige amerikanische Bub, der in der Schule um sich geschossen hat, von zu vielen Gewaltfilmen beeinflußt war. Gewiß versichern uns Soziologen und Psychologen, daß ein Film nur dann negative Einflüsse auf ein Kind haben kann, wenn dieses Kind schon von sich aus verhaltensgestört ist, aber ein Junge, der mit sieben Jahren jeden Tag im Fernsehen einen Film mit ratternden Maschinenpistolen und überall herumspritzendem Blut gesehen hat, ist fraglos schon dadurch geschädigt. Und jetzt überlegen wir einmal, was uns die Kino- und Fernsehfilme über das Thema Lesen im Bett sagen.

Menschen im Bett sieht man in den üblichen Filmen bei vier Gelegenheiten: a) wenn sie der Liebe obliegen, b) wenn sie sich streiten, c) wenn sie kurz vor der Scheidung stehen und nicht mehr miteinander reden, d) wenn sie sich zurechtkuscheln, um heiter und glücklich einzuschlafen. Wer der Liebe obliegt oder mit chinesischen Vasen schmeißt, liest nicht, okay. Aber nie sieht man auf der Leinwand oder dem Bildschirm Paare, die ins Bett gehen und etwas lesen, sich dann das Gutenachtküßchen geben, einer dreht sich nach rechts, der andere nach links, und beide sinken sofort in Schlaf wie zwei Hafenarbeiter nach zwölf Stunden ununterbrochener Schwerstarbeit. Nur in einem Fall (und das nur sehr selten) lesen sie: wenn das Paar bereits voll in der Krise ist und das Lesen des einen ein Ausdruck seiner Verachtung für den anderen und ein Akt des offenen Krieges mit dem Partner ist. Ich jedenfalls habe noch nie einen Film gesehen, in dem die Gattin zum Gatten sagt: »Liebster, dieses Buch solltest du auch mal lesen, es ist hinreißend.«

Unsere Kinder wachsen auf, ohne daß ihnen die Glotze vorführt, wie angenehm, nobel und beruhigend es ist, vor dem Einschlafen noch etwas zu lesen. Statt dessen wird ihnen vorgeführt, wie aufregend es ist, mit MPs herumzuballern oder eine Partie Poker zu spielen. Also worüber beklagen wir uns?

(16. März 2000)

Erinnerung an eine Kindheit im Krieg

Die Abende zwischen 1943 und 1945 verbrachte ich in der kleinen Küche eines bescheidenen Landhauses, ehe ich mit einem warmen Ziegelstein als Bettwärmer schlafen ging. Mein Vater arbeitete in der Stadt, am Samstag kam er mit dem Fahrrad, und so erfuhren wir, daß er nicht bei einem Bombenangriff ums Leben gekommen war.

Ich hörte Radio, während ich meine Briefmarkensammlung ordnete. Die Marken kaufte ich mir in Kuverts zu erschwinglichen Preisen im örtlichen Schreibwarenladen, und dann ließ ich mich von ihnen zu Phantastereien über die Fidschi-Inseln, die Dominikanische Republik oder Kamerun anregen.

Am späten Abend (damals um elf Uhr nachts) beendete das Radio sein Programm mit patriotischen Hymnen. Dann, nach ein paar Minuten Stille, erklang eine Stimme (ich glaube von Carlo Buti) und sang das Lied *Tornerai* – »Du wirst wiederkommen«. Kurz darauf hörte man ein Brummen am Himmel: Das war Pipetto, der englische Aufklärer, nach dessen Vorbeiflug man die Uhren stellen konnte.

Zwischen einem Lied und dem anderen (ich erinnere mich an *Lassù, a Capocabana, a Capocabana la donna è regina, la donna è sovrana* – »Droben in Capocabana, in Capocabana ist die Frau Königin, ist die Frau Herrin«) hörte man die Durchhaltereden des Propagandisten Mario Appelius mit seinem Slogan »Gott verfluche die Engländer!« oder »Die Stimme von John Amery« (das war ein britischer Verräter, der nach dem Krieg gehängt wurde) oder die Familienserie »Was passiert im Hause Rossi?«, propagandistische Szenen in zwei Familien, abwechselnd einer Familie Rossi in Mailand, die auf den Endsieg wartete, und einer gleichnamigen Familie in Rom, die noch unter dem amerikanischen Joch lebte und dem Faschismus nachtrauerte.

Dann, wenn es soweit war, schloß man die Fenster, drehte das Radio leise und stellte es auf die Frequenz von Radio London ein. Nach dem schicksalhaft pochenden »Tun-tun-tun-tam« begann Colonel Stevens in seinem Italienisch mit fast parodistisch klingendem Akzent zu sprechen. Wir lauschten gebannt, um zu erfahren, wie die Dinge standen, obwohl wir uns bewußt waren, daß auch er Propaganda machte.

Nach Colonel Stevens kamen die Sonderbotschaften. Einige sind mir unvergeßlich geblieben, zum Beispiel »Die Sonne geht noch einmal auf«, die anderen habe ich nur noch vage in Erinnerung, es waren Sätze wie »Morgen trifft Michele ein« oder »Die Äpfel sind reif«, aber sie wurden von jener fernen Stimme wie eine surrealistische Litanei vorgetragen.

Wir wußten, daß es Nachrichten oder Instruktionen für den Partisanenkrieg waren, zum Beispiel die Ankündigung, daß an dem und dem Ort zu der und der Stunde Waffen und Lebensmittel per Fallschirm abgeworfen wurden. Fast alle waren an »la Franchi« gerichtet.

Man munkelte, daß Franchi der legendäre und höchst verwegene Kommandant der royalistischen Badoglianer war, die blaue Halstücher trugen, beim Angriff »Vorwärts Savoien!« riefen und von den Engländern großzügig mit Waffen und Material versorgt wurden, während die kommunistischen Garibaldiner mit dem roten Stern und den roten Halstüchern nichts bekamen.

Einige Jungen aus dem Dorf, die ich kannte, waren zu den Garibaldinern gegangen, andere zu den Badoglianern, aber oft hing die Wahl nur davon ab, wo man sich gerade befand, wenn man in die Wälder ging.

Später erfuhr ich, daß Franchi kein anderer als Graf Edgardo Sogno war. Im September 1943 war Sogno mit dem König und Badoglio nach Brindisi geflohen, hatte sich aber dann per Fallschirm im Norden absetzen lassen, um den Widerstand zu organisieren. Hätte der Thronfolger Umberto es ihm nachgetan, hätte er die Monarchie vom Verrat seines hasenfüßigen Vaters erlöst. Aber dazu reichte der Mut dieses Blue Pimpernel nicht.

In den Jahrzehnten der Nachkriegszeit war Edgardo Sogno dann, verführt von seinem glühenden Antikommunismus, zum Prototyp des »Reaktionärs« geworden (und schließlich in der »postfaschistischen« Alleanza nazionale gelandet). Was soll's? So ist die Geschichte unseres Landes verlaufen, voller Widersprüche.

Aber Franchi-Sogno war der Held meiner Kindheit gewesen, der Robin Hood, von dem ich im Bett mit dem warmen Ziegelstein unter der Decke träumte, und so möchte ich seiner gedenken, nachdem er nun vorige Woche mit 84 Jahren gestorben ist.

(17. August 2000)

Leibfreudige Katholiken und bigotte Laien. Wo soll das alles noch hinführen?

Spricht man von den großen spirituellen Transformationen, die das Ende des zwanzigsten Jahrhunderts bezeichnet haben, so nennt man zumeist als erstes die Krise der Ideologien, die unleugbar ist und die traditionellen Unterscheidungen zwischen links und rechts aufgeweicht hat. Es stellt sich jedoch die Frage, ob der Fall der Berliner Mauer die Ursache dieser Aufweichung oder nur eine ihrer Folgen war.

Denken wir an die Naturwissenschaft: Sie galt als ideologisch neutral, Ideal des gemeinsamen Fortschritts sowohl für Liberale wie für Sozialisten (strittig war nur die Frage, wie und zu wessen Gunsten dieser Fortschritt gelenkt und verwaltet werden sollte – exemplarisch ist dafür immer noch das Kommunistische Manifest von 1848, das eine Eloge der kapitalistischen Errungenschaften anstimmte, um dann mehr oder minder zu schließen: »Das alles wollen jetzt *wir* haben«). Progressiv war, wer auf den technologischen Fortschritt vertraute, und reaktionär, wer die Rückkehr zur Tradition und zur unverseucht-ursprünglichen Natur predigte. Fälle von »rückwärtsgewandter Revolution« wie die der Maschinenstürmer waren Randerscheinungen. Sie änderten nichts am klaren Gegensatz der beiden Sichtweisen.

Zu wanken begann dieser Gegensatz erst in der Bewegung von 1968, als sich in die Schwerindustrie verliebte Stalinisten mit Blumenkindern trafen und Operaisten, die sich von der Automation die Abschaffung der Arbeit versprachen, mit Propheten der Befreiung durch die Droge des Don Juan. Er zerbrach in dem Moment, als der Pro-Dritte-Welt-Populismus zum gemeinsamen Banner sowohl der extremen Linken wie der extremen Rechten wurde, und heute stehen wir vor Antiglobalisierungsbewegungen à la Seattle, in denen sich neue Maschinenstürmer, radikale Umweltschützer, Ex-Operaisten, Lumpenproletarier und autonome Straßenkämpfer im Protest gegen das Klonen, den Big Mac, die Genmanipulation und die Atomkraft treffen.

Eine nicht geringere Transformation ist im Gegensatz zwischen religiöser und säkularer Welt eingetreten. Seit Jahrtausenden verband sich der religiöse Geist mit Mißtrauen gegenüber dem Fortschritt, Ablehnung der Welt und intransigentem Festhalten an der Lehre. Dagegen lebte die säkulare Welt voller Optimismus den Umbau der Natur, die Dehnbarkeit der ethischen Prinzipien, die freudige Entdeckung »anderer« Religiositäten und »wilder« Denkungsarten.

Gewiß fehlte es unter den Gläubigen nicht an Berufungen auf die »irdischen Realitäten«, auf die Geschichte als Heilsweg (man denke an Teilhard de Chardin), während es auf der anderen Seite keinen Mangel an weltlichen »Apokalyptikern« gab, an negativen Utopien à la Orwell oder Huxley und an einer Science-fiction, die uns die Schrecken einer Zukunft unter der Herrschaft einer grauenerregenden wissenschaftlichen Rationalität ausmalte. Aber letzten Endes gebührte es sich für die religiöse Predigt, uns auf den Tag des Jüngsten Gerichts zu verweisen, und für die weltliche, ihre Hymnen auf die Lokomotive zu singen.

Der jüngste Weltjugendtag* mit den »Papa kids« zeigt dagegen das Ausmaß der von Wojtyla bewirkten Transformation: eine Masse von Jugendlichen, die sich zum Glauben bekennen, aber die – nach den Antworten, die sie in diesen Tagen auf Interviewfragen gaben – weit entfernt von fundamentalistischen Neurosen darauf bestehen, über voreheliche Beziehungen und Verhütungsmittel selbst zu entscheiden, einige sogar über Drogen und alle über Diskotheken. Währenddessen jammert die laizistische Welt über die Umweltverschmutzung durch Lärm und über einen Geist des »New Age«, in dem sich Neorevolutionäre, Anhänger des Monsignore Milingo und Liebhaber einer Wellness durch orientalische Massagen zu treffen scheinen.

Wir sind erst am Anfang, da kommt noch einiges auf uns zu.

(31. August 2000)

---

* Am 15. August 2000 in Rom (A. d. Ü.).

Die radiophone Hypnose.
Über die ungewisse Zukunft eines magischen Mediums

Vor ein paar Wochen erzählte ich von den Gefühlen, die ein zwölfjähriger Junge während des Krieges beim abendlichen Radiohören empfand, wenn er zuerst italienische Schlager und dann Radio London mit den Nachrichten für die Partisanen hörte. Diese Erinnerungen haben sich mir ins Gedächtnis eingebrannt und bleiben darin lebendig. Wird ein Junge von heute ebenso tiefe Erinnerungen an die Fernsehnachrichten über den Krieg am Golf oder im Kosovo behalten?

Diese Frage habe ich mir vorige Woche gestellt, als wir – im Rahmen des Prix Italia – diverse Radiosendungen der letzten sechzig Jahre wiederhören konnten.

Die Antwort gab mir eine berühmte Unterscheidung von Marshall McLuhan (die übrigens viele Theoretiker des Mediums Radio antizipiert haben, von Brecht bis Benjamin und von Bachelard bis Arnheim), nämlich die zwischen »heißen« und »kalten« Medien. Ein heißes Medium beschäftigt nur einen unserer fünf Sinne und läßt uns keinen Raum zum Interagieren. Ein kaltes Medium beschäftigt zwar mehrere Sinne, aber es spricht uns nur stück- oder portionsweise an und verlangt, daß wir kooperieren, um das Empfangene zu ergänzen, zusammenzusetzen und zu entwickeln.

Heiß ist für McLuhan ein Film oder ein Vortrag, denen man passiv im Sitzen folgt, kalt eine Debatte oder ein

Fernsehabend; heiß ist eine hochaufgelöste Fotografie und kalt ein Comic, der die Realität mit schematischen Strichen zeigt.

Als eins der ersten Hörspiele in der Geschichte des Radios ausgestrahlt wurde, war dem Publikum geraten worden, es im Dunkeln zu hören. Ich erinnere mich an gewisse Abende, wenn die wöchentliche Komödie gesendet wurde, an denen mein Vater bei abgedunkeltem Licht in einem Sessel saß, das Ohr dicht am Lautsprecher, und zwei Stunden lang schweigend lauschte. Ich kuschelte mich in seinen Schoß, und auch wenn ich nicht viel von jenen Geschichten verstand, war ich doch ein Teil des Rituals. So groß war damals die Macht des Radios.

Adorno hatte als einer der ersten darüber geklagt, daß die Musik, wenn sie dauernd im Radio zu hören sei, ihre quasi liturgische Funktion verliere, um reine Ware zu werden. Aber Adorno sorgte sich darüber, wie der Geschmack eines Musikliebhabers verdorben werden könnte, nicht wie ein Jugendlicher an die Musik herangeführt werden kann.

Ich erinnere mich, wie intensiv ich auf die Klänge hörte, als ich durch das Radio die klassische Musik entdeckte, und wie ich mir aus der Programmzeitschrift *Radiocorriere* die meist kurzen Zeiten heraussuchte, an denen eine Polonaise von Chopin oder auch nur ein einzelner Satz einer Symphonie gesendet wurde.

Ist das Radio heute noch so? Und wie wird es morgen sein?

Das Radio wird immer mehr als Hintergrundgeräusch benutzt, die Komödien sieht man im Fernsehen, und Musik zieht man sich per Walkman rein, von einer CD oder direkt aus dem Internet.

Das Radio hat keine hypnotische Funktion mehr für den, der es beim Fahren auf der Autobahn hört (zum Glück, sonst würde er bald gegen einen Lastzug knallen). Man bedient es eher, indem man herumzappt wie mit einer Fernbedienung, bestärkt durch die Tatsache, daß man nach zehn Kilometern ohnehin die Station verloren hat und sich eine neue suchen muß. Und so folgt man eher dem Geschwätz von jemanden, der mit Jessica aus Piacenza oder Salvatore aus Messina über Belanglosigkeiten plaudert.

Zum Glück kosten die Radios immer weniger und werden immer schöner, sie sehen schon aus wie kleine Samurai.

Wahr ist, daß sie heute mehr zum Abspielen von CDs oder Kassetten benutzt werden, als um (wie man es einst per Kurzwelle tat) auf Töne zu horchen, die aus geheimnisvollen Städten namens Tallinn oder Hilversum kamen.

Aber die Geschichte der Massenmedien erlaubt keine Prophezeiungen. Vielleicht werden unerwartete technische Innovationen das Radio wieder ins Zentrum unserer denkwürdigsten Erfahrungen rücken, und wer weiß, ob diese faszinierenden Nippesobjekte nicht neue Arten von »Hitze« für uns bereithalten, von denen wir uns noch gar nichts träumen lassen.

(28. September 2000)

Der Untergang des Vierten Rom

Es geschah etwa um die Mitte des dritten Jahrtausends, daß Edwardgibbon@history.uk seine berühmte *Geschichte des Verfalls und Untergangs der Reiche des Westens* schrieb, in welcher er das Ende des Vierten Rom im einundzwanzigsten Jahrhundert schilderte, eines mächtigen Networks, das aus einem großen zentralen Imperium plus einem Archipel föderierter Vasallenreiche bestand.

Der Vorzug dieses Werkes war seine erzählerische Kraft; sein Mangel war, daß der Autor ein bißchen zu mechanisch versuchte, den Untergang des Vierten Rom in denselben Begriffen darzustellen, in denen seine Vorgänger den Untergang des ersten Römischen Reiches dargestellt hatten.

So rühmte das Vierte Rom sich beispielsweise, das Dritte Rom der Sarmaten und Skythen bezwungen zu haben, doch hatte es anschließend – in einer originellen Neuinterpretation des Mottos *Parcere subiectis et debellare superbos* (»Die Unterworfenen schonen und die Hochmütigen bezwingen«) – nicht seine Legionen dort stationiert, sondern die Entwicklung einer freien Mafia auf freiem Markt zugelassen.

Das Erste Rom war untergegangen, weil es sich Söldnerheeren anvertraut hatte, die nicht bereit waren, im Kampf gegen die Barbaren zu sterben; das Vierte Rom hingegen hatte ein Modell des Krieges entwickelt, in dem kein einziger seiner Söldner sterben mußte und, zumindest den Anschein nach, auch kein einziger der Barbaren.

Das Drama des Vierten Rom begann, als man allmählich erkannte, daß dieses neue Imperium zwar keine Kriege mehr verlor, aber sie auch nicht mehr gewann. Da die Kriege (die per definitionem enden, wenn eine der beiden Parteien gesiegt hat) nie zu einem richtigen Ende kamen, konnte das Vierte Rom auch nicht mehr seine Pax errichten.

Im Ersten Rom gelangte man auf den Kaiserthron durch Palastrevolten, aus denen ein Diktator hervorging, der seine Rivalen mit Gewalt aus dem Weg räumte. Im Vierten Rom dagegen kam es zur dynastischen Krise, als zwei Kaiser gleichzeitig demokratisch auf den Thron gelangten und niemand sagen konnte, welcher der legitime war.

Die dynastischen Kämpfe hatten sich eher in die periphersten Vasallenreiche verlagert, aber es ging dabei nicht so sehr um die Art der Machtergreifung als um die Frage, wie man die Macht verlor.

Da es zwei Parteien waren, die um die Macht kämpften, hätte jede der beiden nach maximaler innerer Einheit trachten müssen, um gleichzeitig Krisen und Brüche im feindlichen Lager hervorzurufen. Doch in den Vasallenreichen des Vierten Rom gab es dramatische Pattsituationen zwischen zwei Armeen, die einander nicht angriffen, weil jede vollauf damit beschäftigt war, die Kämpfe im eigenen Lager zu führen. Siegreich blieb daher immer die Partei, deren Gegner (die womöglich geschickter waren) sich als erste selber zerstörten.

Richtiger lag Edwardgibbon@history.uk mit seiner Bestimmung der historischen Epoche, die ihn beschäftigte, als einer neuen Zeit der Dekadenz. Nur daß die erste Dekadenz an den Grenzen des Reiches Horden von – wie der

Dichter sang – »großen weißen Barbaren« fürchtete, während die zweite sich in der Angst vor der friedlichen Invasion kleiner farbiger Barbaren verzehrte.

In beiden Fällen reagierte das Imperium mit der Zusammensetzung von – wie gleichfalls der Dichter sagte – »indolenten Akrosticha«. Ein diffuser Erotismus hatte die von den Vätern ererbten Sitten verseucht: Paraden leichtbekleideter Mädchen animierten die großen gesellschaftlichen Ereignisse, und die Machthaber präsentierten sich in der Öffentlichkeit mit üppigen Hetären im Arm und mit Hymnen an die Freude und das Vergnügen auf den Lippen.

Das Volk interessierte sich unterdessen nur noch für Zirkusspiele, bei denen es die wechselseitigen Massaker einer Handvoll junger Leute verfolgte, die monatelang in dieselbe Zelle eingesperrt waren.

Auch die Religion der Väter war in die Krise geraten: Anstatt sich um die großen theologischen Fragen zu kümmern, die ihrem Glauben zugrunde lagen, hatten die Gläubigen sich auf mystische Kulte verlegt, indem sie sprechende und weinende Statuen verehrten, Orakel befragten und traditionelle Riten mit orgiastischen Verhaltensweisen vermengten.

(21. Dezember 2000)

Reisen ins Immergleiche

Wir sagen es dauernd, wir leben weitgehend in virtuellen Realitäten. Die Welt kennt man durchs Fernsehen, aber das Fernsehen stellt die Welt oft nicht so dar, wie sie ist, sondern stellt sie nach (wie beim Golfkrieg, den es mit Archivaufnahmen nachgestellt hat), oder es schafft sie sich sogar neu (wie bei Big Brother). Von der Wirklichkeit sehen wir immer nur Trugbilder.

Dabei sind die Menschen noch niemals soviel gereist wie in unseren Tagen. Immer mehr junge Leute, deren Eltern höchstens bis in eine benachbarte Stadt gelangt sind, erzählen mir, daß sie Orte gesehen haben, von denen ich, ein zwanghafter und, ich möchte sagen, professioneller Reisender, bisher nur geträumt habe.

Kein exotischer Strand, keine noch so abgelegene Stadt ist den vielen mehr unbekannt, die Weihnachten in Kalkutta und den August in Polynesien verbringen. Müßten wir also diese touristische Leidenschaft nicht als eine Art und Weise betrachten, der virtuellen Realität zu entfliehen, um das »Echte« zu sehen, *the Real Thing*?

Gewiß, so zerstreut der Tourismus auch sein mag, stellt er doch für viele einen Modus der Weltaneignung dar. Nur war früher die Erfahrung der Reise etwas Einschneidendes, man kam anders zurück, als man aufgebrochen war, während wir heute zumeist bloß noch Heimkehrern begegnen, die nicht im mindesten von der Verwirrung des Anderswo berührt worden sind. Sie kommen zurück und denken nur an den nächsten Urlaub, sie erzählen nichts von Erleuchtungen, die sie verändert haben.

Vielleicht liegt es daran, daß die Orte der realen Pilgerfahrten heute alles nur Mögliche tun, um so auszusehen wie die Orte der virtuellen Pilgerfahrten. Ein Experte hat mir einmal erzählt, daß man in einem Wanderzirkus den ganzen Tag damit verbringt, die Elefanten (die von sich aus nachlässig und große Schmutzfinken sind) zu putzen und herzurichten, damit sie am Abend genauso aussehen wie die Elefanten, die die Zuschauer im Kino oder auf Fotos gesehen haben. In gleicher Weise sind auch die Touristenorte nur darauf aus, möglichst exakt so auszusehen wie die Hochglanzbilder, die uns die Medien von ihnen geben.

Freilich darf der Tourist nur an Orte geführt werden, die dem virtuellen Bild angepaßt worden sind, also zu Tempeln und Märkten, nicht aber zu Leprastationen, zu schön hergerichteten Ruinenfeldern, nicht aber zu denen, die von Grabräubern geplündert worden sind.

Manchmal wird ein Pilgerort auch ganz neu aufgebaut, so wie ihn die Medien gezeigt haben, wir alle haben von Sonntagsausflügen zu Schlössern und Burgen gehört, die exakt so aussehen wie in der Werbung, ganz zu schweigen von den diversen Disneylands oder dem in Las Vegas rekonstruierten Venedig.

Aber es ist auch zu beobachten, daß alle Orte tendenziell einander immer ähnlicher werden, und hierin zeigt sich einmal mehr die Globalisierung. Ich denke an einige magische Orte in Paris wie den Stadtteil Saint-Germain, wo die alten Restaurants, die schummrigen Buchläden und die kleinen Handwerkerläden nach und nach verschwinden, um durch Boutiquen der internationalen Designermode ersetzt werden. Es sind die gleichen, die man in New York an der Fifth Avenue, in London oder in Mailand finden kann. Die Hauptstraßen der großen Städte gleichen einander inzwischen weitgehend, man sieht überall dieselben Geschäfte.

Man wird sagen, die großen Städte hätten sich trotz dieser Tendenz, einander immer mehr zu gleichen, ihre Physiognomie noch bewahrt, denn in der einen gibt es den Eiffelturm, in der anderen den Londoner Tower, in der einen den Dom von Mailand und in der anderen den Petersdom. Das ist wahr, aber es breitet sich eine neue Unsitte aus, nämlich die Türme, Kirchen und Schlösser mit grellen Regenbogenfarben zu illuminieren, so daß die architektonischen Strukturen unter dem Triumph der Beleuchtungselektrik verschwinden und auch die großen Baudenkmäler Gefahr laufen, alle gleich auszusehen (jedenfalls in den Augen der Touristen), denn alle sind bloß noch Gerüste für Lichter- und Farbenspiele im internationalen Design.

Wenn erst einmal alles mit allem gleich geworden ist, wird man keine Reisen mehr machen, um die wirkliche Welt zu entdecken, sondern um überall, wo man hinkommt, immer nur das zu finden, was man schon kannte und sehr gut zu Hause im Fernsehen hätten betrachten können.

(22. Februar 2001)

Diebstähle mit Pfiff

In Frankreich ist die zweite, erweiterte Auflage eines Buches über Plagiatoren erschienen (Roland de Chaudenay, *Les plagiaires*, Editions Perrin). Darin findet man illustre Namen (Voltaire, de Sade, Balzac, D'Annunzio, bis hin zu Servan-Schreiber). Manchmal geht es zwar nur um den Diebstahl einer Beschreibung oder einiger schöner Verse, aber in anderen Fällen sind es ganze Abschnitte anderer Autoren, ohne Quellenangabe und ohne Anführungszeichen. Wie kommt es dazu, daß jemand abschreibt, ohne zu fürchten, daß er entdeckt wird?

Schließen wir die Fälle von eindeutiger Piraterie aus, in denen irgendein Stümper, getrieben von Geltungsdrang, sich einen Text von überall her zusammenklaut. Wenn er keine Berühmtheit ist, wird es niemand merken, und er hat sich ein paar Taler verdient. Aber es kommt vor, daß berühmte Leute, die nicht schreiben können (und es sein lassen sollten, aber sie sind eitel), wie Politiker, Sportler, Industriekapitäne, sich einen Ghostwriter kaufen und ihn für sich schreiben lassen. Der unehrliche Ghostwriter (oder »Neger«, wie er im 19. Jahrhundert genannt wurde) bedient sich freizügig aus anderen Büchern, die Sache kommt heraus, und der Skandal reißt den unbedachten Auftraggeber in den Strudel.

Es ist auch schon vorgekommen, daß Wissenschaftler ein Buch, das in einer anderen Sprache erschienen ist (in einer bekannten und weitverbreiteten, nicht in einem entlegenen malaiischen Dialekt), übersetzt und als eigenes

Werk präsentiert haben. Hierfür ist der Psychiater zuständig, denn es handelt sich um einen kuriosen Fall von kulturellem Autismus, bei dem man sich für den einzigen hält, der das betreffende Buch je gesehen hat, ohne zu bedenken, daß es in Tausenden von Exemplaren verbreitet ist.

Schließlich gibt es den Fall, daß ein seriöser Autor ein paar Jahre lang über ein bestimmtes Thema arbeitet, viele Bücher dazu liest und sich für jedes eine Karteikarte anlegt, auf der er den Inhalt resümiert, wichtige Stellen zitiert und eigene Bemerkungen anfügt. Wenn er beim Exzerpieren nicht gleich darauf achtet, die Zitate in Anführungszeichen zu setzen und die eigenen Bemerkungen beispielsweise in eckige Klammern, kann es ihm passieren, wenn er die Karteikarten nach Jahren wieder zur Hand nimmt, daß er einen bestimmten Absatz für das Ergebnis seiner eigenen Überlegungen hält, obwohl es ein wörtliches Zitat war. Hier liegt kein bewußter Diebstahl vor, aber gewiß unbedachte Aneignung. Und in jedem Fall schuldhafte Nachlässigkeit.

Chaudenay zitiert Fälle von sogenannten »Centonen« oder Flickgedichten, die aus Versen anderer Autoren zusammengesetzt sind (ein schönes Beispiel ist von Apollinaire). Wenn man ein berühmtes Zitat ohne Anführungszeichen benutzt, hofft man, daß es der Leser erkennt. Wenn jemand einen Roman beginnt mit »Jener Arm des Comer Sees«[*] – und so weiter, zehn Zeilen lang –, spricht man nicht von Plagiat, sondern von ironischem Zitieren oder intertextueller Ironie. Aber wenn der Autor ein großer Bewunderer von Amos Tutuola ist und seinen Roman be-

---

[*] Anfang von Alessandro Manzonis Roman *Die Brautleute* (A. d. Ü.).

ginnt mit »Ich war sieben Jahre alt, bevor ich die Bedeutung von Gut und Böse begriff«, ohne sich klarzumachen, daß nur sehr wenige Leser imstande sein werden, das Zitat zu identifizieren – kann man ihn dann des Plagiats bezichtigen?

Es ist bekannt, daß Molière in seiner Komödie *Scapins Schelmenstreiche* eine ganze Szene aus dem Lustspiel *Der geprellte Pedant* von Cyrano de Bergerac geklaut hat. In beiden Stücken gibt es einen Gauner, der, um einem alten Geizhals eine Stange Geld zu entlocken, ihm erzählt, daß sein Sohn, als er sich im Hafen auf eine türkische Galeere begeben habe, entführt und als Geisel genommen worden sei. Der Vater versucht, so lange wie möglich den Moment hinauszuzögern, in dem er das Lösegeld herausrücken muß, und ruft immer wieder im Jammerton aus: »Was zum Teufel hatte er denn auch auf dieser Galeere zu schaffen!«

Die Szene bei Molière ist eine der schönsten Komödienszenen aller Zeiten, denn sie spielt mit dem Effekt des Running Gag, aber das tat sie auch bei Cyrano. Wenn man jedoch die beiden Texte vergleicht, sieht man, daß Molière den Running Gag trockener bringt, sein »Que diable allait-il faire dans cette galère?« ist knapper als Cyranos »Que diable aller faire aussi dans la galère d'un Turc?«. Molières Argante wiederholt den Satz ganze siebenmal und nur mit einer einzigen Variation, während Cyranos Granger ihn bloß fünfmal und mit drei Variationen wiederholt. Kein geringer Unterschied.

Molière hat die Idee geklaut, aber dem Satz einen Rhythmus gegeben. Sind wir bereit, einen Diebstahl zu verzeihen, wenn er mit Pfiff gemacht worden ist?

(14. Juni 2001)

Das mehrfach gewandelte Image der Polizei

Eines Morgens 1951 oder 1952, in Turin, auf dem Weg zur Uni, wollte ich die Piazza San Carlo überqueren. Eine Gewerkschaftsdemonstration, die vielleicht nicht genehmigt war, wurde gerade von der kasernierten Polizei auseinandergetrieben. Ich wollte keinen Ärger bekommen und verdrückte mich rasch unter die Arkaden, wo es offene Läden und Passanten gab, um an der nächsten Ecke zu verschwinden.

Aber die Polizeijeeps kamen unter die Arkaden. Ich preßte mich an einen Pfeiler, ein Jeep hätte mich fast umgefahren, und ein Polizist (ich erinnere mich noch an das sonnenverbrannte Gesicht, ganz armer Bauernsohn aus dem Süden, an die wild aufgerissenen Augen und die plumpe grüne Uniform jener Zeit) lehnte sich so weit hinaus, daß er fast aus dem Jeep gefallen wäre, um mir einen Hieb zu versetzen, der mich, hätte er mich getroffen, krankenhausreif gemacht hätte.

Zum Glück konnte ich mich wegducken, und der Gummiknüppel traf auf den Stein.

Ich erzähle diese Geschichte aus anderen Zeiten, um daran zu erinnern, daß die Polizei damals auch auf diejenigen einprügelte, die nicht Revolution machen wollten – und die Angst vor der Polizei (die ihre Wurzeln in den Jahren der Diktatur hatte) machte sich auch in den Filmen jener Jahre bemerkbar, nicht nur in denen, die sich mit Politik befaßten, sondern sogar in populären Unterhaltungsfilmen mit Nino Taranto, wo wütende analphabetische Polizisten gnadenlos den Bikini eines schönen Mädchens am Strand vermaßen.

So blieb es lange Zeit, und manche werden sich noch erinnern, wie schwer es uns fiel, die Provokation von Pasolini zu akzeptieren, der sich angesichts der Konfrontation zwischen Polizisten, die Kinder armer Leute waren, und den Achtundsechzigern, die Studenten und somit Privilegierte waren, für die wahren Proletarier entschieden hatte.

Dann änderte sich etwas, langsam, seit dem Ende der siebziger Jahre. Nach dem Tod des Kommissars Calabresi, dem Mord an den Polizisten der Eskorte von Moro, dem Terrorismus der Roten Brigaden, dem Kampf gegen die Mafia und so weiter, bis schließlich zu den getöteten Polizisten bei den Attentaten auf die Mafiajäger Falcone und Borsellino begann nicht nur die öffentliche Meinung, sondern auch sogar die Jugend allmählich, die Polizei (im allgemeinsten Sinne jeder Art von Ordnungsmacht) als eine Institution im Dienst der Bürger zu sehen, und einige baten darum, den Militärdienst bei den Carabinieri absolvieren zu dürfen.

Auf der anderen Seite waren die Polizisten präsentabler geworden, besser gekleidet, gut rasiert und modisch frisiert, so daß sie von den Mädchen nicht mehr ausgelacht wurden.

In diesen Prozeß eines Imagewandels der Polizei hatten sich auch die Massenmedien eingeschaltet. Ich glaube nicht, daß es ein Projekt war, es war einfach die Reaktion auf ein Bedürfnis des Publikums. So sahen wir viele Typen à la Starsky and Hutch von den Bildschirmen verschwinden, um durch Polizisten wie den Maresciallo Rocca oder den Commissario Montalbano ersetzt zu werden, in Quästuren und Carabinieri-Stationen, in denen die Männer der Ordnung sich in ihrer ganzen Menschlichkeit zeigten, ihrer Aufopferungsbereitschaft, ihrer Aufmerksamkeit für die Wehrlosen, oft sogar ihrem Mitgefühl für die Schuldigen.

Ich denke, es war auch kein Zufall, daß die bei Adelphi veranstaltete Neuedition aller Fälle des Kommissars Maigret, dieses menschlichsten aller Polizisten, so ein Erfolg war. Läßt man die unvermeidlichen rhetorischen Entgleisungen beiseite, war das Ganze ein positiver Prozeß für ein demokratisches Land. Hegten wir nicht alle den Mythos vom Londoner »Bobby«, der alten Mütterchen über die Straße half?

Nun aber, nach den Ereignissen auf dem G-8-Gipfel in Genua, ist dieses neue Image der Polizei mit einem Schlag dahin. Mehr als zwanzig Jahre langsamer und mühevoller Vertrauensarbeit sind zunichte gemacht – und man braucht nur die »bürgerlichen« Zeitungen zu lesen, um zu sehen, daß Zweifel und Mißtrauen sich auch bei den gemäßigten Kommentatoren einschleichen.

Wer hat das Ende jenes Idylls provoziert? Die ach so gerissenen Typen vom Schwarzen Block? Die Regierung, die den Ordnungskräften eine falsche Strategie verordnet hatte? Die Polizei, die einem Rachebedürfnis erlegen ist und vergessene oder verdrängte Instinkte wiederbelebt hat? Wie auch immer, das Land hat einen Schritt zurück gemacht.

(9. August 2001)

Die unwillentlichen Verbündeten
von Bin Laden

Die Debatte über, ich sage nicht die Zensur, aber über die Klugheit der Massenmedien erregt die ganze westliche Welt. In welchem Maße darf man, um eine Nachricht zu bringen, Propagandaaktionen begünstigen oder geradezu dazu beitragen, verschlüsselte Botschaften der Terroristen zu verbreiten? Das Pentagon mahnt Zeitungen und TV-Sender zur Zurückhaltung, und das kann man verstehen, denn keine Armee im Krieg sieht es gern, wenn ihre Pläne oder die Appelle des Feindes verbreitet werden. Aber den Massenmedien, die inzwischen eine absolute Freiheit gewohnt sind, fällt es schwer, sich an einen Kriegszustand zu gewöhnen, in dem man (früher) für das Verbreiten von Nachrichten, die nach Ansicht der Regierung die nationale Sicherheit gefährdeten, mit dem Tode bestraft wurde. Es ist nicht leicht, diesen Problemknoten aufzudröseln, denn in einer Kommunikationsgesellschaft, zumal wenn das Internet hinzukommt, gibt es keine Zurückhaltung mehr.

Jeder terroristische Akt (das ist eine alte Geschichte) wird begangen, um eine Botschaft auszusenden, eine Botschaft, die Schrecken verbreiten oder zumindest Verunsicherung und Destabilisierung herbeiführen soll. So war es schon immer, auch bei jenen Terroristen früherer Zeiten, die wir heute »Handwerker« nennen würden, weil sie sich darauf beschränkten, ein Individuum zu töten oder eine Bombe am Straßenrand hochgehen zu lassen. Die terroristische Botschaft destabilisiert auch dann, wenn der Schlag vergleichsweise klein und das Opfer wenig bekannt ist. Um so mehr tut sie es, wenn das Opfer sehr bekannt ist und für irgend etwas als Symbol steht. Denken wir nur an den qualitativen Sprung, den die Roten Brigaden machten, als sie von Attentaten auf einzelne Journalisten oder Berater der politischen Macht, die den breiten Massen weitgehend unbekannt waren, zur Entführung und schließlichen Ermordung des Ministerpräsidenten Moro übergingen.

Was war nun das Ziel von Bin Laden, als er die Zwillingstürme angriff? Er wollte »das größte Spektakel der Welt« produzieren, das selbst die wildesten Katastrophenfilme übertraf, er wollte ein möglichst eindrucksvolles Bild des Angriffs auf die zentralen Symbole der westlichen Welt kreieren und zeigen, daß die größten Monumente ihrer Macht verletzt werden konnten. Bin Laden ging es nicht um eine größtmögliche Zahl von Opfern (das war für ihn nur ein zusätzlicher Wert), ihm ging es darum, die Türme zu treffen (um so besser, wenn sie dann einstürzten), er hätte sich auch mit der Hälfte der Opfer begnügt. Er führt keinen Krieg, in dem es auf die Zahl der vernichteten Feinde ankommt, er wollte eine terroristische Botschaft aussenden, und was dabei zählt, sind die Bilder.

Wenn es also Bin Ladens Ziel war, mit diesen Bildern die öffentliche Meinung der Welt zu treffen, was ist dann passiert? Die Massenmedien waren gezwungen, die Nachricht zu bringen, das ist nicht zu bestreiten. Gleichzeitig waren sie gezwungen, über die Folgen zu berichten, über die Rettungsaktionen, die Bergung der Toten, die verstümmelte Skyline von Manhattan.

Waren sie auch gezwungen, die Nachricht vom Einsturz der Türme Tag für Tag zu wiederholen, mindestens einen

Monat lang, mit Fotos, Filmen, unzähligen Augenzeugenberichten, wodurch sie das Bild dieser tiefen Verletzung immer wieder der ganzen Welt vor Augen führten? Das ist sehr schwer zu beantworten. Die Zeitungen haben mit diesen Fotos ihre Auflage gesteigert, die TV-Sender haben mit der Wiederholung dieser Filme ihre Quote erhöht, die Zuschauer selbst wollten diese schrecklichen Szenen immer wieder sehen, sei's um die eigene Empörung zu kultivieren, sei's manchmal auch aus unbewußtem Sadismus. Vielleicht war es unmöglich, sich anders zu verhalten, vielleicht hat die Erregung der Tage nach dem 11. September die TV-Sender und Zeitungen der ganzen Welt daran gehindert, sich gemeinsam zu einer gewissen Zurückhaltung zu verpflichten, und niemand konnte von sich aus schweigen, ohne im Konkurrenzkampf mit den anderen Punkte zu verlieren.

Tatsache ist, daß die Massenmedien auf diese Weise dem Oberterroristen Bin Laden Milliarden von Dollars durch Gratiswerbung geschenkt haben, indem sie jeden Tag die Bilder zeigten, die er genau mit dem Ziel kreiert hatte, daß sie von allen gesehen wurden, von den Menschen im Westen, um über sie zu erschrecken, und von seinen fundamentalistischen Anhängern, um auf sie stolz zu sein. Im übrigen geht der Prozeß ja weiter, Bin Laden profitiert weiter davon, ohne viel investieren zu müssen, wenn man bedenkt, daß die Attentate mit Anthrax faktisch nur eine geringe Zahl von Opfern verursachen, verglichen mit denen der Zwillingstürme, aber sehr viel mehr Menschen in Furcht und Schrecken versetzen, da sie so gut wie alle dazu bringen, sich bedroht zu fühlen, auch diejenigen, die nicht in Flugzeugen fliegen oder in der Nähe von Symbolen der Macht wohnen.

Demnach müßte man sagen, daß die Massenmedien, während sie Bin Laden tadelten, seine besten Verbündeten waren, da sie ihm, so gesehen, zu einem Sieg im ersten Durchgang verhalfen.

Als Trost angesichts dieser Verwirrung, die aus einer scheinbar unauflöslichen Situation resultiert, können wir uns jedoch daran erinnern, daß, als die Roten Brigaden sich an die Entführung und Ermordung Moros wagten, die Botschaft so erschütternd war, daß sie sich gegen die Urheber kehrte: Statt des Zerfalls produzierte sie das Bündnis der verschiedenen politischen Kräfte und allgemeine Empörung, und von da an ging es mit den Terroristen bergab. Die Zukunft wird zeigen, ob das von Bin Laden kreierte »Spektakel« nicht, gerade weil es alles Bisherige übertroffen hat und über jedes erträgliche Maß hinausgegangen ist, einen Prozeß in Gang gesetzt hat, der sein eigenes Ende eingeleitet haben könnte. In diesem Fall hätten die Massenmedien gewonnen.

(1. November 2001)

Eine Botschaft für Leser
in zehntausend Jahren

Vor einem Monat wies ich auf einen Band mit Aufsätzen über die Untersuchungsmethode von Sherlock Holmes hin, den ich zusammen mit Thomas A. Sebeok herausgegeben habe. Unwillentlich gedachte ich damit eines Freundes, der drei Wochen später von uns gehen sollte. Am 21. Dezember ist Thomas A. Sebeok, den die Sprachwissenschaftler und Semiotiker der ganzen Welt sehr gut kannten, im Alter von 81 Jahren gestorben. Jeder, der sich mit Fragen der Kommunikation befaßt hat, ist früher oder später mit Sebeok in Berührung gekommen, mit der Zeitschrift *Semiotica*, die er gegründet und geleitet hatte, mit den verschiedenen internationalen Reihen, die er als Talentscout zu inspirieren verstand, mit jener nie ermüdenden Aufmerksamkeit für die Arbeit anderer, die ihn dazu brachte, Linguisten, Anthropologen, Biologen und Ethnologen zusammenzubringen, um die Erforschung der Kommunikation auf allen Ebenen zu vertiefen.

Für sich selbst hatte er seit geraumer Zeit das Gebiet der tierischen Kommunikation oder Zoosemiotik reserviert, und darin war er so weit vorgedrungen, daß er sich in letzter Zeit mit der Kommunikation unter Bakterien befaßte. Wir haben ihn manchmal ein wenig mit seiner Leidenschaft für Bakterien aufgezogen, aber wir respektierten seine Wißbegier, die ihn dazu drängte, die Grenzen der semiotischen Forschung immer weiter hinauszuschieben.

Dabei war dieser Mann, der sich zuweilen in bestimmte

Probleme verliebte, immer der erste, der uns aufforderte, sie mit der gebührenden Skepsis anzugehen. Sicherlich glaubte er, daß es Kommunikationssysteme zwischen Tieren gibt, aber ich habe ihn immer stärkste Zweifel über die Kommunikationsverhältnisse zwischen Tieren und Menschen äußern hören, sei es anläßlich rechnender Pferde oder bei den berühmtesten intelligenten Affen der letzten Jahrzehnte. Und einmal hat er seinen extrem vorsichtigen Skeptizismus auch gegenüber menschlichen Kommunikationssystemen an den Tag gelegt, denen er sich gleichwohl seit seiner Jugend gewidmet hatte. Die Geschichte ging so.

1984 hatte ihn das amerikanische Office of Nuclear Waste Isolation um Hilfe bei der Beantwortung eines Problems gebeten, das von der U.S. Nuclear Regulatory Commission aufgeworfen worden war. Die amerikanische Regierung hatte einige Wüstenzonen der Vereinigten Staaten ausgewählt, um darin (in vielen hundert Metern Tiefe) nuklearen Abfall zu begraben. Das Problem war nicht so sehr, die Zone vor unbedachten Eindringlingen heute zu schützen, sondern die Tatsache, daß die Abfälle noch in zehntausend Jahren radioaktiv sein werden. In Anbetracht dessen, was in den letzten zehntausend Jahren alles geschehen ist, hatten sich die Atombehörden bewußtgemacht, daß die Erde in den nächsten zehntausend Jahren so große Umwälzungen durchmachen könnte, daß sie womöglich von wieder barbarisch gewordenen Populationen bewohnt würde, für die eine heute auf englisch verfaßte Botschaft ebenso unverständlich wäre wie für uns die ägyptischen Hieroglyphen. Ja, es könnten inzwischen sogar Bewohner anderer Planeten auf die Erde gekommen sein. Wie kann man nun diesen zukünftigen Besuchern aus dem All mitteilen, daß die betreffende Zone gefährlich ist?

Sebeok hatte sofort jede Form von verbaler Kommunikation ausgeschlossen, desgleichen elektrische Zeichen, da sie von konstanter Energiezufuhr abhängig wären, Geruchsbotschaften, da von kurzer Dauer, sowie auch jede Form von Ideogrammen, die nur aufgrund präziser Übereinkunft erkennbar sind. Man mag zwar der Meinung sein, daß jedes Volk einige elementare Piktogramme versteht (die menschliche Gestalt, Tierskizzen etc.), aber Sebeok konnte auf Anhieb ein Bild präsentieren, bei dem unmöglich zu entscheiden war, ob die dargestellten Individuen kämpfen, tanzen, jagen oder sonst irgendeine erkennbare Tätigkeit verrichten. Somit kamen auch »figurative« Warnungen nicht in Frage.

Eine Lösung wäre gewesen, Zeitabschnitte von jeweils drei Generationen festzulegen (ausgehend von der Überlegung, daß sich die Sprache in jeder beliebigen Zivilisation vom Großvater zum Enkel nicht wesentlich ändert) und durch entsprechende Instruktionen dafür zu sorgen, daß die Warnungen am Ende jedes Abschnitts neu formuliert werden, um sie den semiotischen Konventionen der Zeit anzupassen. Aber diese Lösung hätte genau jene gesellschaftliche und territoriale Kontinuität vorausgesetzt, die der Auftrag in Frage stellte. Eine andere Lösung wäre gewesen, die Gefahrenzone mit Warnbotschaften aller Art, in jeder Sprache und jedem semiotischen System zu überhäufen, in der Hoffnung auf die statistische Möglichkeit, daß wenigstens eines dieser Systeme den künftigen Besuchern noch verständlich geblieben wäre – so daß die Gesamtheit jener Botschaften wie eine Art neuer Stein von Rosette funktionieren würde. Auch diese Lösung setzte freilich ein Minimum an kultureller Kontinuität voraus.

Am Ende zog es Sebeok vor, zur Antike zurückzukehren. Er riet, eine Art Priesterkaste zu gründen, gebildet aus Atomwissenschaftlern, Anthropologen, Linguisten, Psychologen, die sich durch Kooptation über die Jahrhunderte fortpflanzt und die Kenntnis der Gefahr am Leben hält, auch und gerade indem sie Mythen, Legenden und Aberglauben kreiert. Mit der Zeit würden die Angehörigen dieser Kaste vielleicht nur noch etwas weitergeben, dessen exakte Kenntnis sie längst verloren haben, doch auch in einer wieder barbarisch gewordenen Horde könnten sie ungenaue, aber wirksame Tabus am Leben halten.

Ich glaube nicht, daß die interessierten Behörden Sebeoks Rat befolgt haben. Sie wollten etwas Konkreteres. Aber sein Skeptizismus hatte ihnen aufgezeigt, daß es unter bestimmten Umständen nichts Konkreteres gibt als den Mythos.

(10. Januar 2002)

Karneval allüberall

Vor etwa zwei Wochen hat die *Repubblica* eine Frage aufgeworfen, die seitdem nicht aufhört, ratlose Diskussionen hervorzurufen. Wenn ein Politiker (oder sonst jemand) der Ansicht ist (oder glauben machen will), er sei in einem Zeitungsartikel zu Unrecht irgendeiner Sache beschuldigt worden, erstattet er Anzeige wegen Verleumdung, und das ist sein gutes Recht. Wieso kommt es uns dann aber falsch oder verwerflich vor, wenn dieselbe Person zum Kadi geht, weil sie sich durch eine Karikatur verunglimpft fühlt?

Politische Satire ist eine ernste Sache, in den Zeitungen der ganzen demokratischen Welt erscheinen täglich (und nicht erst seit heute) Karikaturen, die manchmal (besonders in angelsächsischen Blättern) gar nicht so sehr zum Lachen sind, sondern eine politische Botschaft enthalten, zu der sich der Zeichner bekennt. Wir sprechen hier wohlgemerkt nicht von Karikaturen, die mit körperlichen Defekten eines Prominenten spielen und sie gnadenlos übertreiben, sondern von solchen, die eine bestimmte Aussage treffen, indem sie (lächelnd) sagen: »Das und das hast du getan.«

Das Problem, und diese Geschichte ist so alt wie die Welt, liegt im Lächeln. Manchmal sagt man etwas lächelnd, um deutlich zu machen, daß man es nicht ernst meint und nur einen Scherz machen will. Wenn ich einen Freund begrüße, indem ich lächelnd sage: »Wie geht's, alter Schurke«, ist es klar, daß ich ihn nicht wirklich als Schurken bezeichnen will – und eine Unverschämtheit wäre es höchstens, wenn ich den Staatspräsidenten oder den Papst so begrüßen würde. Doch wenn ich mich in der Öffentlichkeit an jemanden wende und zu ihm sage (sei's auch mit einem Grinsen nach Art der Cheshire-Katze): »Korruption ist, wie Sie aus persönlicher Erfahrung wissen, eine schwierige Kunst«, dann ist es zwecklos, hinterher zu sagen, ich hätte bloß einen Scherz machen wollen: Ich habe de facto etwas insinuiert, und der Unterschied zwischen Insinuation und Verleumdung ist so schwer zu bestimmen, daß er ein Thema juristischer Diskussionen darstellt.

Es stimmt zwar, daß, wie die Alten es wollten, die Sitten und Bräuche lachend gezüchtigt werden, aber es stimmt eben auch, daß sie gezüchtigt werden. Darum ist es müßig zu sagen, daß unsere bekanntesten Karikaturisten, von Forattini bis Gianelli, von Staino bis Maramotti, von Vauro bis Elle Kappa, verantwortungslose Spaßmacher seien. Sie sind mit vollem Recht Meinungsmacher, und ihre Meinung kann gewichtiger sein als ein Leitartikel.

Daher ist alles, was sie lachend sagen, ernst zu nehmen. Ist es damit auch gutes Recht, sie zu verklagen, wenn man sich durch sie beleidigt fühlt? Eigentlich müßten wir diese Frage bejahen, aber wir haben alle eine gewisse Hemmung, das zuzugeben, so als gälte bei uns die Regel, wenn wir jemanden vor Gericht bringen, der uns in einem Leitartikel als Strauchdieb bezeichnet hat, ist das keine Zensur, aber wenn wir jemanden verklagen, der dasselbe durch eine gelungene Karikatur ausgedrückt hat, ist das ein Angriff auf die Pressefreiheit (und die der Satire).

Hinter der Idee der Satirefreiheit stehen zwei ehrwürdige Institutionen, der Hofnarr und der Karneval. Der Hofnarr hatte das Recht, dem König die schlimmsten Dinge zu sagen, und dabei konnte er die Wahrsagerfunktion einer Sprechenden Grille erfüllen, aber einer unberührbaren Sprechenden Grille. Und während der Karnevalstage war alles erlaubt, so wie in jenen karnevalesken Umzügen, die im alten Rom die Triumphzüge darstellten, die Legionäre ihren Feldherrn Julius Cäsar mit »*regina*« anreden durften, in ziemlich durchsichtiger Anspielung auf einige seiner angeblichen oder wahren homosexuellen Seitensprünge. Der Unterschied ist jedoch, daß der Narr nur am Hof sagen durfte, was er wollte, und wenn er hinausgegangen wäre, um es auf den Plätzen der Stadt zu wiederholen, wäre er gehängt worden; desgleichen galten die Karnevalsfreiheiten nur ein paar Tage, und für den Rest des Jahres waren gewisse Dinge verboten.

Wir können also feststellen, daß die Verbreitung der politischen Satire (und auch der nichtpolitischen) Teil eines für unsere Zeit typischen Phänomens ist, nämlich der permanenten Karnevalisierung aller Lebensbereiche. Es ist Karnevalisierung des Lebens, wenn man täglich und jeden Tag mehrmals Kinofilme und Comedy-Shows in der Glotze sehen kann; es ist Karnevalisierung des Lebens, wenn auf einem amerikanischen Parteikongreß die Teilnehmer, einschließlich des Präsidentschaftskandidaten, sich so kleiden und verhalten, als wären sie auf einer Bühne am Broadway; es ist Karnevalisierung des Lebens, wenn in einer Fernsehdiskussion neben einem Politiker, der ernsthafte Dinge sagt, eine tiefdekolletierte Soubrette über ihre Kalender spricht; es ist Karnevalisierung, wenn Berlusconi auf einem Gipfeltreffen der europäischen Regierungschefs die Geste des Hörnerzeigens machen kann, wenn ein Parteiführer wie D'Alema von seinem Segelboot oder seinen Schuhen redet, wenn ein Bürgermeister sich in Unterhosen zeigt, und es ist Karnevalisierung, wenn ein ehrwürdiger und tugendhafter Greis wie Johannes Paul II. einem Spektakel für enthusiastische Jugendliche beiwohnt, direkt vor einer Rocksängerin, die ihren Nabel zeigt, was ihr bei einer Audienz im Vatikan nicht gestattet wäre. Mit einem Wort: Karnevalisierung des Lebens ist das Verschwinden der Grenze zwischen dem, was »ernst«, und dem, was Spektakel ist.

Es gibt hier nichts zu moralisieren: Dies ist die Lage einer massenmedialen Gesellschaft, und man muß lernen, mit dem Phänomen zu leben. Aber genau daher kommt es, daß wir, wenn wir uns an jener überaus schmalen Grenze zwischen ernster Rede und Spiel befinden, auf der sich die politische Karikatur bewegt, nicht mehr recht wissen, auf welcher Seite wir stehen, und das Problem uns mit Recht unlösbar erscheint.

(23. Mai 2002)

D'Artagnans Einzug ins Panthéon

In Frankreich, hört man, gibt es Polemiken, weil Villers-Cotterêts, die Geburtsstadt von Alexandre Dumas, nicht will, daß die Asche des Romanciers nach Paris ins Panthéon überführt wird. Ich fürchte, bei uns würden viele protestieren, wenn dieser große populäre Erzähler (den man jedoch nur mit Mühe dem Kanon zurechnet) neben denen begraben würde, die schon per Schuldekret zum Kanon gehören. Aber im Grunde ist es nicht nur bei uns schwierig, zwischen Literatur und sogenannter Trivial- oder Paraliteratur zu unterscheiden.

Zweifellos gibt es eine Paraliteratur, und dabei handelt es sich um Berge von Serienware, zweit- oder drittklassige Kriminal-, Regenbogen- und Pornoromane, Bücher zum Lesen am Strand, die nichts als unterhalten wollen und sich keinerlei Stil- oder Strukturprobleme stellen (ja gerade insofern Erfolg haben, als sie repetitiv sind und ein den Lesern schon liebgewordenes Muster befolgen).

Wenn dem so ist, schrieb Alexandre Dumas dann Paraliteratur, oder stellte er sich nicht auch, wie aus einigen seiner kritischen und polemischen Schriften hervorgeht, diverse Probleme? Für eine Unzahl von Büchern beschäftigte er Lohnschreiber, sogenannte »Neger«, er wurde nach Zeilen bezahlt und zog den Text aus Geldgier in die Länge. Aber in einigen Werken ist es ihm gelungen, Figuren zu schaffen, die wir als *mythisch* bezeichnen können, die unsere kollektive Phantasie bevölkern, die benutzt und weitererzählt werden, wie es eben bei Personen der Mythen und Märchen geschieht.

Manchmal ist es ihm gelungen, den Mythos gerade durch literarisches Können zu schaffen: Der Roman *Die drei Musketiere* ist packend geschrieben, er gleitet dahin wie ein Jazzstück, und selbst wenn er das produziert, was ich einmal Akkord-Dialoge genannt habe, zwei, drei Seiten voll kurzer, floskelhafter Wendungen, um den Text in die Länge zu ziehen, tut er es mit »boulevardesker« Anmut. Aber der *Graf von Monte Cristo*? Er schleppt sich mühsam voran, durch zahlreiche Längen, ich habe schon vor Jahren beschrieben, wie ich einmal beschlossen hatte, ihn neu zu übersetzen und dabei zu straffen (wo es zum Beispiel heißt: »Er erhob sich von dem Stuhl, auf dem er gesessen hatte«, genügt es zu schreiben: »Er erhob sich von seinem Stuhl« oder sogar bloß: »Er erhob sich«, wenn man schon weiß, daß er an einem Tisch saß). Ich hätte dem Leser rund fünfundzwanzig Prozent erspart, kalkulierte ich. Aber dann ist mir klargeworden, daß gerade diese Längen und Wiederholungen eine grundlegende strategische Funktion haben: Sie schaffen Erwartungen, sie retardieren die entscheidenden Szenen und haben strukturellen Wert für dieses Meisterwerk der Rache, die man kalt genießt.

Daß dies bei Dumas ein großes erzählerisches Vermögen war, sieht man besonders gut bei einem Vergleich mit seinem damals berühmteren Zeitgenossen Eugène Sue. Wenn wir heute *Die Geheimnisse von Paris* wiederlesen, einen Roman, der seinerzeit kollektive Hysterien, Identifikationen mit Figuren und sogar politisch-soziale Reaktionen ausgelöst hat, finden wir, daß die Längen ihn bleischwer machen, und können ihn nur noch als Zeitdokument lesen. Gibt es also literarische Qualitäten (die nicht unbedingt mit sprachlichen Erfindungen, sondern mit Rhythmus und kluger Dosierung zu tun haben), die, wenn auch unmerklich, die Grenze zwischen Literatur und Paraliteratur verschieben?

Der Roman kommt, wie der Mythos, vor der Sprache, in dem Sinne, daß Ödipus und Medea typische und exemplarische Figuren allein durch ihre Taten sind, lange bevor die großen griechischen Dramatiker sich ihrer angenommen haben, so wie Rotkäppchen oder die Personen der afrikanischen oder indianischen Mythen jenseits aller Dichtung, die sie aufnimmt und etwas anderes aus ihnen erschafft, als Modelle des Lebens funktionieren. Muß der Roman die Psychologie seiner Helden vertiefen?

Gewiß tut das der moderne Roman, aber gerade die Mythen haben es nicht getan: Die Psychologie des Ödipus ist später von Sophokles und dann von Freud deduziert worden, aber die Figur war schon da, festgelegt allein durch ein schrecklich beunruhigendes Verhalten.

Besonders wir Italiener (und ein paar andere Europäer) neigen dazu, den Roman mit kunstvoller Prosa zu identifizieren und per Kurzschluß mit »Dichtung« (ja mit einer Poesie, die wir gern *povesia* aussprechen). Dabei benutzte Stendhal die Prosa des *Code civil*, Svevo schrieb schlecht (heißt es), und wenn wir etwas »Poetisches« wollen, finden wir mehr davon bei Liala (oder Rosamunde Pilcher) als bei Moravia. Das Problem ist, daß der Roman »erzählen« und exemplarische Figuren hervortreten lassen muß, auch wenn er nur deren äußeres Verhalten beschreibt.

D'Artagnans Psychologie ist höchst fadenscheinig, aber die Figur ist mythisch geworden. Julien Sorels Psychologie ist komplex, und deshalb bin ich einverstanden mit der Unterscheidung zwischen *historischem Roman*, der uns durch seine Helden eine ganze Epoche verstehen läßt, und *Mantel-und-Degen-Roman*, wie eben dem von Dumas, der zwar in einer bestimmten historischen Epoche spielt, aber genausogut auch ein Jahrhundert später oder früher spielen könnte und darum nicht weniger faszinierend wäre.

Doch wir sprechen hier nicht von Kunstwerken, deren Größe und Vielschichtigkeit niemand bestreitet; wir sprechen von mythenschaffenden Schreibweisen, die etwas anderes sind. Im Grunde ging es auch Pierre Souvestre und Marcel Allain ums Geld, und ihre Geschichten von Fantômas sind kein Musterbeispiel für gutes Schreiben, gleichwohl ist dieser schwarze Mann zu einem urbanen Mythos geworden, der die Surrealisten (und andere) nicht losließ. Ponson du Terrails Rocambole unterhält uns noch heute, aber er ist kein Mythos geworden. Warum nicht? Es gibt archetypische Blitzschläge und Erzählstrategien, die noch immer nicht gründlich genug erforscht und verglichen worden sind.

(20. Juni 2002)

Odysseus zwischen Togliatti
und Agamemnon

Auf einem kürzlich von der Gewerkschaft CGIL organisierten Kongreß, bei dem die Ansichten einiger Wissenschaftler über Probleme unserer Zeit gehört werden sollten, habe ich spontan ein paar Dinge gesagt. Die Zeitungen haben sie verkürzt wiedergegeben, jemand bat mich zu präzisieren, was ich habe sagen wollen, und das ist der Anlaß für diesen Streichholzbrief. Ich war zu dem Kongreß in der Befürchtung gegangen, daß wieder einmal, wie so oft, eine politische Organisation sich von einigen »Intellektuellen« sagen lassen wollte, wie es mit diesem Land weitergehen soll. Nun muß man wissen, daß es nichts gibt, was mich mehr aufbringt (aber mich im Grunde auch belustigt, wenn nicht ich der Befragte bin), als mit anzusehen, wie Intellektuelle als Orakel benutzt werden.

Natürlich habe ich vorausgeschickt, daß man unter Intellektuellen heute nicht einfach alle diejenigen verstehen kann, die mehr mit dem Kopf als mit der Hand arbeiten. Mit dem Kopf arbeitet auch, wer am Computer die Buchungen für ein Hotel vornimmt, und mit der Hand arbeitet auch ein Bildhauer. Sagen wir also, unter Intellektuellen sind alle die zu verstehen, die eine kreative Funktion ausüben, in den Wissenschaften wie in den Künsten, und rechnen wir dazu auch den Landwirt, der eine neue Idee über die Fruchtwechselwirtschaft hat. Kurz gesagt, man ist nicht unbedingt schon ein Intellektueller, wenn man ein gutes Lehrbuch der Arithmetik für die höhere Schule schreibt, aber man kann einer sein, wenn man es unter Verwendung neuer und besserer pädagogischer Kriterien tut.

Dies klargestellt, bieten die alten Griechen der goldenen Zeit uns drei Figuren des Intellektuellen. Erstens die des Odysseus, der – jedenfalls in der *Ilias* – die Funktionen des »organischen Intellektuellen« nach der traditionellen Vorstellung unserer linken Parteien erfüllt. Agamemnon fragt ihn, wie man Troja erobern kann, Odysseus entwickelt die Idee mit dem Pferd, und da er »organisch« mit seiner Gruppe verbunden ist, kümmert es ihn nicht, was aus den Söhnen und Töchtern des Priamos wird. Danach geht er – wie so viele organische Intellektuelle, die in die Krise geraten und sich einer Kommune mit Guru anschließen oder der Medienindustrie verkaufen – auf eine längere Seereise und kümmert sich nur um seine Geschäfte.

Die zweite Figur ist die von Platon. Er hat nicht nur eine eigene Vorstellung von der Orakelfunktion des Intellektuellen, er meint auch, die Philosophen könnten lehren, wie man richtig regiert. Das Experiment mit dem Tyrannen von Syrakus ist nicht gut gelaufen, und man hüte sich vor Philosophen, die konkrete Modelle von guter Herrschaft auspinseln: Müßten wir auf der Insel Utopia leben, so wie Thomas Morus sie konzipiert hat, oder in einem Phalanstère à la Charles Fourier, würden wir uns unbehaglicher fühlen als ein Moskowiter zur Zeit von Stalin.

Die dritte Figur ist die des Aristoteles, der sich bekanntlich als Lehrer eines Herrschers wie Alexander betätigt hat. Soweit wir wissen, hat er ihm niemals präzise Ratschläge über das gegeben, was er bei seinen Unternehmungen tun sollte, ob er den Gordischen Knoten durchhauen oder die schöne Roxana heiraten sollte. Statt dessen hat er ihn prinzipiell und im allgemeinen gelehrt, was Politik und was Ethik ist, wie eine Tragödie funktioniert und wie viele Mägen die Wiederkäuer haben. Aber selbst wenn wir annehmen wollen, daß Alexander aus all diesen Lehren einen Gewinn gezogen hat, hätte er ihn auch ziehen können, wenn Aristoteles nicht sein Lehrer gewesen wäre: Er hätte bloß die Bücher des Aristoteles aufmerksam lesen müssen.

Mithin sind es zwei Arten, in denen die Politik sich den Beitrag der Intellektuellen zunutze machen kann: Wenn es wahre Intellektuelle sind, das heißt kreative, müßten sie bereits interessante Ideen vorgelegt haben, und die Politiker könnten sich darauf beschränken, sie zu lesen. Manchmal stellt ein Politiker aber fest, daß über bestimmte Themen weder er noch die anderen klare Vorstellungen haben (weil man nicht genug darüber weiß), und dann wird er ein guter Politiker sein, wenn er neue Forschungen über dieses Thema anregt. Das ist alles. Im übrigen, wenn der Intellektuelle dann Mitglied einer Partei ist und vielleicht sogar in ihrem Pressebüro arbeitet, hat das nichts mit seiner spezifischen Rolle als Intellektueller zu tun: Er ist ein Bürger wie alle anderen, der sein berufliches Können in den Dienst seiner Gruppe zu stellen wünscht, ganz so, wie wenn er, wäre er Maurer, in seiner Freizeit gratis arbeiten würde, um das Parteibüro zu restaurieren.

Soweit mein Beitrag auf jenem Kongreß. Man hat mir nun vorgeworfen, daß ich Sokrates nicht erwähnt habe. Richtig, es gibt noch eine vierte Funktion des Intellektuellen, von der ich schon oft gesprochen habe, nur nicht bei jener Gelegenheit, weil mir die Zeit dafür fehlte. Sokrates erfüllt seine Rolle, indem er die Stadt kritisiert, in der er lebt, und dann akzeptiert er sein Todesurteil, um die Achtung vor den Gesetzen zu lehren. Ich weiß nicht, ob er ein Sokrates ist, aber der Intellektuelle, an den ich denke, hat noch eine andere Pflicht, wenn wir annehmen wollen, daß er zu einer Gruppe gehört: Er muß nicht gegen die Feinde seiner Gruppe reden (das ist Sache des Pressebüros), sondern gegen die eigenen Freunde. Er muß das kritische Gewissen seiner Gruppe sein. Ihr auf die Nerven gehen. In den radikalsten Fällen, wenn die Gruppe durch eine Revolution an die Macht kommt, ist der unbequeme Intellektuelle der erste, der guillotiniert oder erschossen wird.

Ich glaube nicht, daß alle Intellektuellen so weit zu gelangen wünschen, aber sie müssen die Idee akzeptieren, daß die Gruppe, der anzugehören sie sich in gewisser Weise entschlossen haben, sie nicht allzusehr liebt. Tut sie es doch und werden sie gar gehätschelt, dann sind sie schlimmer als organische Intellektuelle, dann sind sie Intellektuelle des Regimes.

(18. Juli 2002)

Schüsse mit Empfangsbescheinigung

Ein altes Diktum besagt, Krieg ist eine zu ernste Sache, um sie den Militärs zu überlassen. Heute müßte man aktualisieren: Die Welt ist eine zu komplizierte Sache geworden, um sie von denen regieren zu lassen, die sie bisher regiert haben. Das wäre, als hätte man das Manhattan-Projekt für den Bau der Atombombe den Experten für die Untertunnelung des Mont Cenis anvertraut. Diese Gedanken gingen mir durch den Kopf, als ich neulich in Washington war, genau zu der Zeit, als dort noch der *Sniper* umging, jener famose Scharf- oder Heckenschütze, der fröhlich Leute erschoß, die gerade an einer Tankstelle hielten oder aus einem Restaurant kamen. Er lag irgendwo auf der Lauer, ein Präzisionsgewehr mit Zielfernrohr im Anschlag, auf einer Anhöhe über einem Autobahnknoten oder auf einem ruhigen Hügel, und verrichtete seine Arbeit. War das Opfer niedergestreckt und eine entsprechende Meldung ergangen, kam die Polizei und sperrte die Straßen für zwei bis drei Stunden ab, ohne freilich jemanden zu finden, da der Heckenschütze alle Zeit gehabt hatte, sich davonzumachen. So verließen die Menschen tagelang nicht mehr das Haus und schickten ihre Kinder nicht mehr zur Schule.

Natürlich gab es Leute, die darauf hinwiesen, daß so etwas geschieht, weil es den freien Handel mit Waffen gibt, worauf die Lobby der Waffennarren erwiderte, das Problem sei nicht, eine Waffe zu besitzen, sondern sie richtig zu benutzen. Als ob einer, der sie zum Töten benutzt, sie nicht genau richtig benutzte. Oder kauft vielleicht jemand ein Gewehr, um sich damit einen Einlauf zu machen?

Den Sniper von Washington hat man schließlich nur gefaßt, weil er absichtlich überall Spuren hinterlassen hatte – letztlich wollen solche Leute nur in die Zeitungen und ins Fernsehen kommen. Aber einer, der sich nicht hätte erwischen lassen wollen, hätte weitermachen können, bis er mehr Leute umgebracht hätte, als mühevoll in den Twin Towers massakriert worden sind. Deshalb lagen und liegen in Amerika die Nerven blank. Denn es hat begriffen, daß eine terroristische Organisation, wenn sie, statt mit Flugzeugentführungen Zeit zu verlieren, zwei bis drei Dutzend Heckenschützen auf die ganze Nation losließe, das Land paralysieren könnte. Mehr noch, sie würde eine Welle von Nachahmungstaten bei all denen auslösen, die zwar keine Terroristen, aber verrückt sind und sich dem Fest mit Freude anschließen würden.

Was haben nun einige von denen vorgeschlagen, die offenkundig nicht mehr in der Lage sind, die Welt zu lenken? Man solle Gewehre herstellen, die automatisch ihre Patronen und Hülsen »signieren«, so daß man, wenn man das Projektil aus dem Körper des Erschossenen ziehe, praktisch die Adresse des Schützen habe. Sie haben nicht bedacht, daß ich, wenn ich jemanden umbringen will, nicht mein eigenes Gewehr benutze, sondern ein gestohlenes, womit ich dann auch gleich dessen Besitzer ins Gefängnis schicke, und daß ich, wenn ich ein Terrorist bin, die richtigen Leute kenne, um ein gestohlenes Gewehr zu bekommen oder eines mit manipulierter Kennzahl oder eines aus nichtamerikanischer Fabrikation.

Aber wenn es nur das wäre. In der *Repubblica* vom 8. November lese ich, daß zur Bekämpfung der Deflation (die Leute kaufen zu wenig, die Preise sinken, uns droht eine Krise, die schlimmer ist als die Inflation) die Verantwortlichen der Federal Reserve Bank (also nicht irgendwelche Jüngelchen) den leichtverderblichen Dollar vorschlagen – das heißt, eine Banknote mit einem Magnetband, das sie zunehmend an Wert verlieren läßt, wenn man sie nicht schnell genug ausgibt (aber auch, wenn man sie auf dem Bankkonto läßt). Ich versuche mir vorzustellen, was Mr. Smith machen würde, ein Klempner, der es schafft, wenn er wie ein Verrückter arbeitet, hundert Dollar pro Tag zu verdienen.

Als erstes würde er seine Produktivität verringern. Wozu sich totschuften, um etwas zu verdienen, was nach einer gewissen Zeit nichts mehr wert ist und was man nicht einmal aufs Sparbuch tun kann, um sich später ein Häuschen zu kaufen? Er wird nur noch soviel arbeiten, daß er die dreißig Dollar pro Tag verdient, die er für sein Bier und sein Beefsteak braucht. Oder er könnte seine hundert Dollar jeden Tag für unnütze Dinge ausgeben, für T-Shirts, Marmeladegläser, Bleistifte, mit denen er dann eine Tauschwirtschaft anfangen würde, drei Marmeladegläser für ein T-Shirt, aber am Ende müßten die Leute einen Haufen unnützes Zeug in ihren Wohnungen horten, während praktisch kein Geld mehr zirkuliert. Eine andere Möglichkeit wäre, daß Mr. Smith sich das Häuschen kauft, aber auf Raten in sehr kleinen Teilen – jedesmal, wenn ihm hundert Dollar in der Hand brennen, zahlt er sie dem Verkäufer des Hauses. Allerdings würde dann nicht nur das Haus, mit Zinsen und allem, zehnmal soviel kosten, sondern warum sollte der erste Besitzer es überhaupt verkaufen, stünde er dann doch ohne Dach überm Kopf in einem Regen von Dollars, die er alle so, wie sie kämen, immer gleich ausgeben müßte? Schluß wär's mit dem Immobilienmarkt, wer ein Haus hat, behält es. Und da das Geld auch an Wert verliert, wenn man es spart, wär's auch Schluß mit den Banken.

Jetzt warte ich, daß ein Wirtschaftssachverständiger mir erklärt, wo ich mich irre, denn sicher kenne ich mich in diesen Dingen nicht aus. Aber alles in allem habe ich ernstlich den Eindruck, daß viele Initiativen, die heute ergriffen werden, einschließlich des Irak-Krieges, um die Tausende von potentiellen fundamentalistischen Heckenschützen ruhigzuhalten, die an den Ausfahrten der amerikanischen Autobahnen warten, zur Kategorie dessen gehören, was uns sagen läßt: »Die Welt ist eine zu komplizierte Sache geworden, um sie von denen regieren zu lassen, die sie bisher regiert haben.«

(21. November 2002)

Winkewinke machen im Fernsehen

Während ich die Erwärmung des Planeten und das Verschwinden der gemäßigten Zonen am eigenen Leibe erfahre und Bestätigung in Beiträgen kundiger Autoritäten finde, frage ich mich, wie eines Tages mein noch nicht zweieinhalbjähriger Enkel reagieren wird, wenn er das Wort »Frühling« hört oder in der Schule Gedichte liest, die von den ersten herbstlichen Wehmutsgefühlen sprechen. Und wie er, wenn er größer ist, Vivaldis »Vier Jahreszeiten« hören wird. Vielleicht wird er in einer anderen Welt leben, an die er sich perfekt angepaßt hat, und nicht am Fehlen des Frühlings leiden, wenn er sieht, wie die Beeren versehentlich in glutheißen Wintern reifen. Auch ich hatte ja als kleiner Junge keine eigene Erfahrung mit Dinosauriern und konnte sie mir trotzdem ganz gut vorstellen. Vielleicht wird der Frühling dann eine nostalgische Kindheitserinnerung betagter Zeitgenossen sein, so wie die Nächte in Luftschutzkellern, wo wir zwischen unseren bangenden Eltern Verstecken spielten.

Dem heranwachsenden Kind wird es dann ganz natürlich erscheinen, in einer Welt zu leben, in der das primäre Gut (noch vor dem Sex und dem Geld) die Sichtbarkeit ist. In der man, um von den anderen anerkannt zu werden und nicht in einer grauenhaft unerträglichen Anonymität zu leben, alles tun wird, um gesehen zu werden, im Fernsehen oder in den Medien, die das Fernsehen dann ersetzt haben werden. Eine Welt, in der immer mehr hochehrbare Mütter bereit sein werden, die schmutzigsten Familienaffären in tränentreibenden Sendungen zu erzählen, nur um am nächsten Tag im Supermarkt erkannt zu werden und Autogramme zu geben, und in der die Mädchen sagen werden (wie es schon heute geschieht), daß sie Schauspielerinnen werden wollen, aber nicht, um wie die Duse oder die Garbo zu werden, nicht um Shakespeare zu spielen oder wenigstens wie Josephine Baker zu singen, bekleidet nur mit Bananen auf der Bühne der Folies Bergères, und nicht einmal, um bauchfrei zu tänzeln wie gewisse TV-Grazien einer längst verflossenen Zeit, sondern um »Assistentinnen« in Quizsendungen zu werden, die einfach bloß anwesend sind, ohne irgend etwas Besonderes können zu müssen.

Jemand wird dem Kind dann erklären (vielleicht in der Schule, zusammen mit den sieben Königen von Rom und dem Sturz Berlusconis, oder in historischen Filmen mit Titeln wie »Es waren einmal die Fiat-Werke«), daß die Menschen seit jeher den Wunsch hatten, von ihrer Umgebung anerkannt zu werden. Weshalb einige sich darin übten, nette Saufkumpane in der Kneipe zu sein, andere, sich im Fußballspielen oder im Scheibenschießen auf der Kirmes hervorzutun, wieder andere zu erzählen, daß sie einen sooo langen Fisch geangelt hätten. Und daß die Mädchen sich durch kokette Hüte auszeichnen wollten, die sie sonntags beim Gang zur Messe trugen, und die Großmütter dadurch, als die beste Köchin oder Näherin im Dorf zu gelten. Und wehe, wenn es nicht so war, denn um zu wissen, wer er sei, brauche der Mensch den Blick des Anderen, und er erkenne sich um so besser (oder glaube sich zu erkennen), je mehr ihn der Andere liebe und bewundere, und wenn es statt eines einzigen Anderen hundert oder tausend oder zehntausend seien, um so besser, dann fühle er sich vollkommen verwirklicht.

In einer Zeit großer und ständiger Mobilität, in der den Menschen das Heimatdorf und das Gefühl der Verwurzelung immer mehr abhanden kommt und der Andere jemand ist, mit dem man aus der Entfernung per Internet kommuniziert, wird es daher ganz natürlich erscheinen, daß man sich die nötige Anerkennung auf andere Weise sucht und der Dorfplatz durch die fast planetarische Plattform der Fernsehsendung oder ihres Nachfolgers ersetzt wird.

Was jedoch vielleicht nicht einmal mehr die Schulmeister oder ihre künftigen Nachfolger wissen werden, ist die Tatsache, daß es in jenen fernen Zeiten eine sehr klare Unterscheidung zwischen berühmt sein und verrufen sein gab. Alle wollten berühmt werden als der beste Bogenschütze oder die beste Tänzerin, aber niemand wollte verrufen sein als der Meistgehörnte des Dorfes, der offenkundig Impotente oder die ehrlose Dirne. Allenfalls war die Dirne bemüht, sich als Tänzerin auszugeben, und der Impotente erzählte Lügengeschichten von pantagruelischen Sexabenteuern. In der Welt der Zukunft (wenn sie dem ähnelt, was sich schon heute abzeichnet) wird diese Unterscheidung verschwunden sein: Um »gesehen« und »besprochen« zu werden, wird man bereit sein, alles zu tun. Es wird keinen Unterschied mehr geben zwischen dem Ruhm des großen Immunologen und der Berühmtheit des Jungen, dem es gelungen ist, seine Mutter mit einem Beil zu töten, zwischen dem großen Liebenden und dem Gewinner des planetarischen Wettbewerbs um das kürzeste männliche Glied, zwischen dem Gründer einer Leprastation im afrikanischen Urwald und dem, der es auf die cleverste Weise geschafft hat, den Fiskus zu betrügen. Alles wird recht sein, vor nichts wird man zurückscheuen, um am nächsten Tag beim Bäcker (oder in der Bank) wiedererkannt zu werden.

Wenn das hier jemand zu apokalyptisch findet, frage ich ihn, was es denn heute bereits bedeutet (und schon seit Jahrzehnten), sich bei TV-Reportagen hinter den Typ mit dem Mikrofon zu stellen, um gesehen zu werden, wie man Winkewinke macht, oder sich zu einem Wissensquiz zu melden, obwohl man sicher ist, nicht einmal zu wissen, daß eine Schwalbe noch keinen Sommer macht. Was soll's, Hauptsache, man wird berühmt.

Doch ich bin kein Apokalyptiker. Vielleicht wird das Kind, von dem ich spreche, Anhänger einer neuen Sekte, deren Ziel die Abkehr von der Welt ist, das Exil in der Wüste, der Rückzug ins Kloster, der Stolz des Verstummens. So etwas ist ja schon einmal geschehen, am Ende einer Epoche, in der die Imperatoren begonnen hatten, ihr Lieblingspferd zum Senator zu ernennen.

(26. Dezember 2002)

Große Kriege, kleine Frieden

Ende Dezember hat die Académie Universelle des Cultures in Paris darüber diskutiert, wie man sich heutzutage den Frieden »vorstellen« könnte. Nicht definieren oder erreichen, sondern vorstellen. Offenbar ist der Friede immer noch nicht nur ein fernes Ziel, sondern ein unbekanntes Objekt. Die Theologen haben den Frieden als *tranquillitas ordinis*, »Ruhe der Ordnung«, definiert. Welcher Ordnung? Wir alle sind einem Ursprungsmythos erlegen: Am Anfang habe es eine paradiesische Lebenslage gegeben, dann sei diese Ruhe durch den ersten Gewaltakt verletzt worden. Dabei hatte uns Heraklit doch gewarnt: »Kampf ist das Gesetz der Welt, der Krieg ist Vater und Herr aller Dinge.« Am Anfang war der Krieg, der Mensch ist des Menschen Wolf, und die Evolution erfolgt durch einen Kampf ums Überleben.

Die großen Friedenszeiten, die wir in der Geschichte gekannt haben, wie die Pax Romana oder in unseren Tagen die Pax Americana (aber es gab auch eine sowjetische, eine osmanische, eine chinesische Pax), waren das Ergebnis einer Eroberung und eines ständigen militärischen Drucks, durch den eine gewisse Ordnung aufrechterhalten und die Konflikte im Zentrum vermindert wurden um den Preis vieler kleiner, aber sehr blutiger Kriege an den Rändern. Das mag schön für jene sein, die im Auge des Wirbelsturms sitzen, aber wer an den Rändern lebt, erfährt die Gewalt, die zur Aufrechterhaltung des Systemgleichgewichts nötig ist. Den »eigenen« Frieden erreichen wir immer nur um den Preis des von anderen erlittenen Krieges.

Man könnte daraus eine zynische, aber realistische Folgerung ziehen: Willst du den Frieden (für dich), so bereite den Krieg (gegen die anderen) vor. Nur ist der Krieg seit einigen Jahrzehnten derart komplex geworden, daß es ihm nicht mehr gelingt, schließlich mit einer wenn auch nur provisorischen Form von Frieden zu enden. Früher bestand das Ende des Krieges darin, daß der Feind auf seinem Territorium besiegt wurde, indem man ihn über die eigenen Schritte und Pläne im unklaren ließ, um ihn überraschen zu können, und indem man für eine starke Solidarität an der inneren Front sorgte. Nun aber, nach den Kriegen am Golf und im Kosovo, haben wir nicht nur gesehen, wie westliche Journalisten aus den bombardierten feindlichen Städten berichteten, sondern auch, wie Repräsentanten der gegnerischen Länder frei auf unseren Bildschirmen sprachen. Die Medien informierten den Feind über die Positionen und Bewegungen der »Unseren«, als wäre Mata Hari zur Direktorin des lokalen Fernsehens ernannt worden. Die Appelle des Feindes in unseren Wohnzimmern und die unerträgliche visuelle Evidenz der Verheerungen des Krieges führten zu dem Beschluß, daß die Feinde nicht mehr getötet werden durften (oder wenn doch, dann nachweislich nur aus Versehen), und ganz unaushaltbar erschien nun die Vorstellung, daß einer der Unseren sterben könnte. Kann man unter solchen Bedingungen einen Krieg führen?

Noch schlimmer wurde es nach dem 11. September. Der Feind ist im Hause, aber die Medien können ihn nicht mehr zeigen, da er sich verborgen hält. Jeder terroristische Akt wird von den Medien groß herausgebracht, womit sie das Spiel des Gegners spielen. Man macht sich auf, Saddam die Waffen zu nehmen, die ihm der Westen geliefert hat und vielleicht noch immer liefert, aber der wahre Feind braucht gar keine eigenen Waffen und Technologien mehr: Er benutzt diejenigen derer, die er zerstören will. Um London zu bombardieren, mußten die Deutschen sich ihre V-Waffen noch zu Hause fabrizieren, um zwei amerikanische Türme zu zerstören, wurden zwei amerikanische Flugzeuge benutzt.

Es verwischt sich die klare Trennung zwischen den Fronten, und mögen die Waffenfabrikanten auch für den Krieg sein, sind aufs entschiedenste gegen ihn die Fluglinien, die Tourismusindustrie und das ganze globalisierte Handelsnetz.

So wird der Krieg in neuer Form auf der einen Seite permanent wegen der Ungreifbarkeit des Feindes und auf der anderen, weil jeder Kriegführende davor zurückscheut, ihn zu den äußersten Konsequenzen zu treiben. Viele multinationale Interessen sorgen dafür, daß er tendenziell endemisch wird, aber sich nie entscheidet. Schließlich, wenn früher ein ferner Krieg an den Rändern des Reiches den Frieden im Inneren garantierte, ist es heute gerade das Zentrum, wo der Feind am leichtesten zuschlägt (und wo er seine finanziellen Ressourcen in den Banken des Gegners deponiert hat). Krieg in der Ferne garantiert heute nicht mehr den Frieden zu Hause. In der Ära der Globalisierung wird der globale Frieden unmöglich.

Bleibt als einzige Möglichkeit, auf einen Frieden in Flecken nach Art eines Leopardenfells hinzuwirken, indem man jedesmal und überall, wo es geht, friedliche Situationen im riesigen Umkreis der Kriege schafft, die auch weiterhin einer nach dem anderen folgen. Ein lokaler Frieden stabilisiert sich, wenn bei Ermüdung der gegnerischen

Parteien eine Verhandlungsagentur in einer bestimmten Zone der Welt sich als Vermittler anbietet und ein Ende der Kampfhandlungen erreicht. Eine fortgesetzte Reihe solcher »kleiner Frieden« kann, wie ein Aderlaß wirkend, auf lange Sicht die vom permanenten Krieg produzierten Spannungsbedingungen mindern. So könnte zum Beispiel ein kleiner Frieden, der heute in Jerusalem geschlossen würde, zum Abbau der Spannung im ganzen Epizentrum des globalen Krieges beitragen.

Der universale Frieden ist wie der Wunsch nach Unsterblichkeit, der sich so schwer erfüllen läßt, daß die Religionen das ewige Leben nicht vor, sondern erst nach dem Tod versprechen. Ein kleiner Frieden dagegen ist wie die Tat eines Arztes, der eine Verletzung heilt. Kein Unsterblichkeitsversprechen, aber wenigstens eine Art, den Tod hinauszuzögern.

(9. Januar 2003)

Mandrake ein italienischer Held?

Art Spiegelman ist nach Mailand gekommen, um seine neue Kollektion herrlicher Titelblätter des *New Yorker* vorzustellen. Berühmt geworden ist Spiegelman durch seinen großartigen Comic *Maus*, in dem er gezeigt hat, daß Comics mit der Kraft einer großen Sage vom Holocaust handeln können, aber er bleibt weiter präsent und kommentiert die Ereignisse unserer Zeit mit Geschichten, die Aktualität und engagierte Kritik mit liebevollen Rückblicken auch in ferne Epochen der Geschichte des Comics zu verbinden wissen. Kurz, ich halte ihn für ein Genie.

Er war auf einen Aperitif zu mir nach Hause gekommen, und da habe ich ihm meine Sammlung von Comics vergangener Zeiten gezeigt, einige abgegriffene Originale und einige schöne Nachdrucke, und er war erstaunt, als er die Titelblätter der alten Nerbini-Hefte von Mandrake, vom *Uomo Mascherato*, von *Cino e Franco* und von Flash Gordon sah. Nicht so sehr wegen Flash Gordon, der auch in Amerika immer noch ein Mythos ist, aber wegen der drei anderen. Wer eine gute amerikanische Darstellung der Geschichte des Comics zur Hand nimmt, findet sicher den *Uomo Mascherato* (im Original *The Phantom*) und Konsorten erwähnt, aber er wird feststellen – auch beim Suchen im Internet –, daß die großen Rückblicke und Revivals eher im Umkreis von *Superman* und der Schar von Superhelden wie *Spiderman* stattfinden: In Amerika aktualisieren sie *Batman* in postmoderner Manier oder graben (wie es Art Spiegelman in einem entzückenden Büchlein getan hat) die Wurzeln des noch früheren Superhelden *Plastic Man* aus. Aber suche mal jemand nach einem Heft von *Cino e Franco* (im Original hieß die Serie *Tim Tyler's Luck*): Er wird zahlreiche Hinweise auf den häßlichen Fernsehfilm finden, der danach gemacht worden ist (so wie man bereits aus Flash Gordon eine peinliche Serie gemacht hat, die heute ein »trashiges« Kultobjekt ist), aber von den originalen Strips ist kaum noch die Rede.

Der Grund sei wohl, meinte Art Spiegelman, daß Figuren wie der Magier Mandrake, der Mann mit der Maske und Konsorten in Italien offenbar immer noch viel populärer sind als bei ihnen. Aber wie ist das möglich, fragte er mich, und da gab ich ihm meine Erklärung, die im wesentlichen die eines Zeitzeugen ist, der miterlebt hat, wie jene Helden geboren wurden und schon bald nach ihrem Debüt in Amerika zu uns nach Italien kamen – in abenteuerlichen und grammatikalisch fragwürdigen Übersetzungen (so schrieben zum Beispiel die ersten Nummern der Nerbini-Hefte noch »Mandrache«, um den Namen zu italianisieren).

Der Grund war, daß im Vergleich zu den regimefrommen italienischen Comics (ich nenne hier nur Dick Fulmine, den Legionär Romano und die Jungen des *Corriere dei Piccoli*, die den Abessiniern die Zivilisation brachten oder atemberaubende Unternehmungen mit den Falangisten gegen die grausamen roten Milizionäre durchführten) – der Grund war, daß Flash Gordon kam, um den italienischen Jungen zu zeigen, daß man sich für die Freiheit des Planeten Mongo schlagen und gegen einen grausamen und blutrünstigen Autokraten wie Ming kämpfen konnte, daß der Mann mit der Maske nicht gegen die Farbigen kämpfte, sondern an ihrer Seite, um die weißen Abenteurer zu bändigen, daß es ein riesiges Afrika gab, in dem eine Schutztruppe patrouillierte, um Elfenbeinschmuggler zu verhaften, daß es Helden gab, die nicht in Schwarzhemden herumliefen, sondern im Frack und mit Kopfbedeckungen, die der Faschistenbonze Starace »Ofenrohre« nannte, und vieles andere mehr, bis hin zur Entdeckung der Pressefreiheit durch die Abenteuer von Micky Maus alias Topolino als Journalist, und dies noch bevor auf unseren Leinwänden (erst nach dem Krieg) Humphrey Bogart erschien, der am Telefon sagte: »Das ist die Presse, Dummchen, dagegen kannst du nichts machen« (im Original: *This is the power of the press, baby, and there is nothing you can do about it*). Man könnte heulen über diese Zeiten, wann endlich kommt Topolino als Fernsehjournalist zurück?

Dies war der Grund: In jenen dunklen Jahren haben die amerikanischen Comics uns etwas gelehrt und damit unser ganzes weiteres Leben geprägt, auch als Erwachsene. Und da wir gerade von diesen Dingen sprechen, erlaube man mir eine Antizipation, einen Rat an die Zeitungen, Wochenblätter und Fernsehprogramme. Wir feiern doch jedes Jahr den runden Geburtstag eines Autors oder Buches oder denkwürdigen Ereignisses: Nun gut, bereiten wir uns darauf vor (wir haben noch sechs Monate Zeit), den siebzigsten Jahrestag des Annus gloriosus 1934 zu feiern.

Was sich damals ereignet hat? Nun, Anfang Januar erscheint in Amerika das erste Abenteuer Flash Gordons sowie im Anhang der erste *Jungle Jim*, beide gezeichnet von Alex Raymond. Zwei Wochen später der *Secret Agent X9* (mit Text von Dashiell Hammett!). Bereits im Oktober kommt in Italien das Album *L'Avventuroso* mit dem ersten Flash-Gordon-Abenteuer auf italienisch heraus, nur daß der Held nicht als Polospieler präsentiert wird (weil wohl zu bürgerlich), sondern als Polizeioffizier.

Übergehen wir ruhig, daß im März die Serie erscheint, die bei uns »Bob Star und die Funkstreife« heißen wird, aber im Juni debütiert in Amerika *Mandrake the Magician* von Lee Falk und Phil Davis und im August *Li'l Abner* von Al Capp (der erst nach dem Krieg zu uns kommen wird). Im September beginnt dann Walt Disney mit Donald Duck – jawohl, liebe Kinder, Donald wird siebzig, könnt ihr euch das vorstellen? Im Oktober kommt die Serie *Terry and the Pirates* von Milton Caniff heraus (die bei uns zaghaft erst in den folgenden Jahren erscheinen wird, in Fortsetzungsfolgen mit dem Titel »Auf den Meeren Chinas«). Und im selben Jahr 1934 erscheint in Frankreich *Le Journal de Mickey*, das die Geschichten von Walt Disney auf französisch herausbringt.

Nun, ist das nicht ein schönes Jahr für unsere Nostalgien?

(26. Juni 2003)

Gebt uns ein paar Tote mehr

In der *Repubblica* lese ich folgende Nachricht: Die französische Regierung habe, wie bei uns, aber vor uns, den Führerschein nach Punkten eingeführt, und nach einem Jahr habe sich gezeigt, daß die Zahl der tödlichen Unfälle um 18,5 Prozent abgenommen habe. Das ist eine sehr schöne Nachricht. Doch der Präsident des Groupement National des Carrossiers-Réparateurs, also eines Verbands der Karosseriebauer, habe erklärt, daß er sich zwar natürlich als Bürger über diese Abnahme der Todesfälle freue, aber als Karosseriebauer darauf hinweisen müsse, daß die Arbeit seiner Verbandsmitglieder in die Krise geraten sei. Weniger Unfälle, weniger Reparaturen. Und es scheint, daß die Karosseriebauer angesichts dieses handfesten ökonomischen Dramas nicht nur in großer Sorge sind und nach staatlicher Hilfe rufen, sondern daß einige von ihnen sogar weniger strenge Kontrollen verlangt haben. Mit anderen Worten, wenn die Meldung stimmt, haben sie gefordert, daß weniger Strafen verhängt werden, damit mehr Autos zusammenkrachen.

Ich kann mir zwar nicht gut vorstellen, daß sie mehr Tote verlangt haben, denn gewöhnlich bringt einer, der bei einem Verkehrsunfall ums Leben kommt, nicht anschließend sein Auto zur Reparatur, und die Hinterbliebenen entsorgen es direkt auf den Autofriedhof, aber ein paar mehr Zusammenstöße nur mit Verletzten (ohne daß der Wagen, zur Bahre verwandelt, nur noch verschrottet werden kann), würden nicht ungern gesehen.

Die Nachricht darf uns nicht überraschen. Jede technische Innovation, jeder industrielle Fortschritt hat Arbeitslosigkeit produziert, das begann mit den Webern im 18. Jahrhundert, die loszogen, um die mechanischen Webstühle zu zerschlagen aus Angst, durch sie arbeitslos zu werden. Ich stelle mir vor, wie das Aufkommen der Taxis die Droschkenkutscher in den Ruin gestürzt hat. Ich erinnere mich noch an den alten Pietro, der, als ich klein war, immer mit seiner Kutsche zu uns gerufen wurde, um die Familie und das Gepäck zum Bahnhof zu bringen, wenn wir aufs Land fuhren. Innerhalb weniger Jahre kamen dann die »Autodroschken« auf, und er war zu alt, um den Führerschein zu machen und sich zum Taxifahrer umschulen zu lassen. Aber damals hatten die Innovationen noch einen relativ langsamen Rhythmus, und Pietro wurde vielleicht erst arbeitslos, als er schon kurz vor dem Ruhestand war.

Heute geht alles viel schneller. Ich stelle mir vor, daß die Verlängerung des durchschnittlichen Lebensalters die Beerdigungsunternehmer und Friedhofsbetreiber in die Krise getrieben hätte, wenn der Prozeß nicht so langsam verlaufen wäre: Als sie merkten, daß es weniger Sechzigjährige zu beerdigen gab, mußten sie bereits die Achtzigjährigen beerdigen, die nicht mit Sechzig gestorben waren. Daher darf man annehmen, daß der Bestattungsbranche (ausgehend von der Prämisse des Stammvaters aller Syllogismen: »Alle Menschen sind sterblich«) die Arbeit nie ausgehen wird. Doch gesetzt, man erfände morgen, ich sage nicht, das Serum der Unsterblichkeit, aber ein Medikament zur Verlängerung des Lebens um durchschnittlich hundert Jahre, dann würden wir die Branche der Leichenbestatter auf die Straße gehen und staatliche Unterstützung fordern sehen.

Tatsache ist, daß die Beschleunigung der Innovationsprozesse immer mehr Branchen aufs Pflaster wirft. Man denke nur an die Krise der Schreibmaschinenreparierer in den achtziger Jahren: Entweder waren sie jung und flexibel genug, um zu lernen, Computerexperten zu werden, oder sie wurden mit einem Schlag überflüssig. Das Problem ist also, Berufsausbildungen zu entwickeln, die rasche Umschulungen erlauben. Ein Weber der alten Zeit konnte sich, als die mechanischen Webstühle kamen, nicht schnell in einen Spezialisten für mechanische Webstühle verwandeln. Aber heute sind die Maschinen sozusagen allgegenwärtig, ihre physische Struktur ist viel weniger wichtig als das Programm, mit dem sie laufen, so daß jemand, der mit einem Programm für Waschmaschinen umgehen kann, sich relativ leicht für ein Programm zur Steuerung der elektronischen Meßgeräte in Autos umschulen lassen könnte.

Infolgedessen wird die Berufsausbildung, um auf die Möglichkeit rascher und häufiger Umschulung vorzubereiten, eine großenteils intellektuelle Ausbildung werden müssen, ein Training für den Umgang eher mit der Software (oder dem, was die Franzosen *logiciel* nennen) als mit der Hardware, den Geräten, den physischen Komponenten austauschbarer Maschinen, die auf der Basis anderer Programme konstruiert werden können.

Statt also an eine Schule zu denken, die sich an einem bestimmten Punkt zweiteilt, um auf der einen Seite fürs Studium, auf der anderen für die Arbeit vorzubereiten, sollte man lieber an eine Schule denken, die nur klassische oder naturwissenschaftliche Bildung produziert, denn auch wer sich anschickt, zum Beispiel, was weiß ich, Ökologiefacharbeiter der Zukunft zu werden, wird eine intellektuelle Ausbildung brauchen, die ihn eines Tages befähigt, die eigene Umschulung ins Auge zu fassen und zu programmieren.

Es ist kein abstraktes demokratisch-egalitäres Ideal, es ist die innerste Logik der Arbeit in der Informationsgesellschaft, die eine für alle gleiche Ausbildung fordert, konzipiert auf höchstem Niveau, nicht auf dem niedrigsten. Andernfalls wird die Innovation immer nur Arbeitslosigkeit produzieren.

(7. August 2003)

Nachruf auf einen großen Dichter

Für einen Schriftsteller empfiehlt es sich nie, an Ferragosto* zu sterben. Die Zeitungen beschäftigen sich mit anderen Dingen, mit der Hitze, den Staus auf den Autobahnen, den Waldbränden. Eine gewisse Aufmerksamkeit hätte gleichwohl die Meldung verdient, daß Haroldo de Campos, einer der großen Dichter unserer Zeit, im Alter von 74 Jahren in São Paolo gestorben ist. Ich kann nicht behaupten, alle Zeitungen durchgesehen zu haben, aber soweit mir bekannt ist, hat nur Lello Voce in der *Unità* einen ausführlichen und bewegenden Nachruf geschrieben.

Zu den Ferragosto-Umständen gehört, daß auch ich nicht zu Hause bin, wo ich das Gesamtwerk von de Campos habe, und so muß ich darüber schreiben, ohne daraus zitieren zu können, auch weil de Campos den größeren Teil seines Ruhms der konkreten Poesie verdankt, die hochgradig visuellen Charakter hat und nicht nur mit der typographischen Komposition, sondern auch mit den Farben spielt. Wie soll man das in einem Streichholzbrief darstellen? Aber etwas muß ich trotzdem über diesen außergewöhnlichen Menschen sagen, der mir seit vierzig Jahren ein sehr lieber Freund war.

Er hat immer (wenn er nicht gerade durch die Welt reiste) in São Paolo gelebt, einer smogvergifteten Stadt, durchzogen von Hochstraßen zwischen Wolkenkratzern,

---

* Mariä Himmelfahrt, 15. August, größter italienischer Feier- und Ferientag (A. d. Ü.).

die an Flash Gordons Megalopolis erinnert, nicht so schön und leichtlebig wie Rio de Janeiro. Aber Haroldo liebte seine Geburtsstadt, als wäre sie der Nabel der Welt. In São Paolo fand und genoß er sein »tiefes« Brasilien, ein Land, in dem die Riten der Candomblé, die Erinnerung an die Cangaçeiros und eine große moderne literarische und künstlerische Tradition zusammenleben. Er und seine Freunde trafen sich Anfang der sechziger Jahre, als ich bei ihnen zu Gast war, in einer »Joāo Sebastian Bar« und arbeiteten an neoavantguardistischen Experimenten (zehn Jahre vor den entsprechenden Italienern und Franzosen), wobei sie, im Gefolge einiger ihrer großen »modernistischen« Autoren wie Oswald und Mario de Andrade, dem »brasilianischen Kannibalismus« oblagen.

Sei's auch angeregt durch den deutschen Kreis um Max Bense, der von Peirce nicht viel begriffen hatte, war ich unter den ersten gewesen, die sich in die Semiotik dieses großen amerikanischen Philosophen vertieften, der damals sogar in Amerika snobistisch abgetan wurde, während man ihn in Italien und Deutschland wiederentdeckte. Und zur selben Zeit begannen Haroldo, sein Bruder Augusto und Décio Pignatari in der Gruppe »Noigandres« mit Experimenten in konkreter Poesie, die in der ganzen Welt Schule machten. Lello Voce beklagt in seinem Artikel, daß Haroldos Werk, obwohl es in anderen Ländern viel Beachtung fand, bei uns wenig bekannt ist und daß es keinen einzigen Gedichtband von ihm auf italienisch gibt.* Für

---

* Es gibt auch keinen lieferbaren auf deutsch; vgl. aber den langen und instruktiven Artikel von Elisabeth Walther über »Die Beziehung von Haroldo de Campos zur deutschen konkreten Poesie, insbesondere zu Max Bense«, www.stuttgarter-schule.de/campos.html (A. d. Ü.).

die Jünger der experimentellen Dichtung war er jedoch ein Meister, und er kam gern nach Italien, wo er viele Freunde hatte, so wie unsereins nach Brasilien ging, um durch die Gruppe der »ethnischen Aufklärer« in die avanciertesten literarischen Experimente eingeführt zu werden, ebenso wie in die synkretistischen Riten und in die Entdeckung der neuen primitiven Maler, die dem Polytheismus dieses unglaublichen Landes neues Leben verliehen.

Haroldo war ein majestätisch-jovialer Mensch mit einem ansteckenden Lachen, und er hatte eine begeisterte Liebe zur Sprache. Mag sein, daß sein Ruf sich vor allem seinen avantguardistischen Experimenten verdankte, aber er war auch ein genauer Kenner der Literaturen vieler Sprachen und dazu – immer mit einem Auge auf Joyce – ein hervorragender Übersetzer großer Dichter, von Cavalcanti bis Goethe, mit besonderem Interesse für die chinesische Poesie (im Gefolge von Pound, den er als einen seiner Lehrer betrachtete), und ich scheue mich nicht zu behaupten, er war der größte moderne Dante-Übersetzer. Seine *6 cantos do Paraíso* wurden 1976 vom Italienischen Kulturinstitut in São Paolo veröffentlicht, brachten es aber nur auf eine fast klandestine Zirkulation, jedenfalls bei uns.

Dante zu übersetzen ist deshalb so schwer, weil – wie Douglas Hofstadter in seinem Buch *Le Ton Beau de Marot* schreibt – die Übersetzer meistens nicht wissen, ob sie archaische Begriffe nachbilden oder den Text modernisieren sollen, oft an den Schwierigkeiten des Elfsilbenverses und den Reimzwängen scheitern und jedenfalls nicht die Tiefenstruktur von Dantes gereimter Terzine erfassen, in der, wenn man nur ein einziges Wort von einem Vers in einen anderen verschiebt, Dantes Atem verlorengeht.

Haroldo de Campos ist es gelungen, all diese Hindernisse zu überwinden. Das *Paradiso* ist zweifellos der schwierigste Teil von Dantes großem Gedicht, aber die sechs Paradies-Gesänge in der portugiesischen Fassung von de Campos klingen gleichzeitig mittelalterlich und höchst modern, und es ist dem Übersetzer tatsächlich gelungen, Bilder und Töne der *Divina Commedia* in seinem brasilianischen Portugiesisch neu zu kreieren.

Ich erwecke nur ungern den Eindruck, auf Kosten eines verstorbenen Freundes Werbung zu machen, aber wer wenigstens eine Probe der Übersetzung des 31. Gesanges lesen möchte – desselben, in dem die Schar der Seligen dem Dichter in Form einer *candida rosa* erscheint –, sei auf mein Buch *Quasi dasselbe mit anderen Worten* verwiesen. Man braucht es sich nicht zu kaufen, es genügt, in eine gute Buchhandlung zu gehen und die Seite 352 aufzuschlagen. Auch wenn man kein Portugiesisch kann, versuche man nur einmal leise murmelnd (um nicht den Verdacht des Buchhändlers zu erregen), Haroldo de Campos' Dante-Verse zu sprechen: *A forma assim de uma cândida rosa...* Vielleicht versteht man dann, was ich meine.

(4. September 2003)

Gibt es eine europäische Identität?

Vor einiger Zeit wurde ich in einem Interview gebeten, die europäische Identität zu definieren. Schöne Problemstellung. Mir fiel ein Bonmot ein, das ich einmal von Tomás Maldonado gehört hatte: Ab einem bestimmten Alter hat man keine Ideen mehr, sondern Anekdoten. Das fand ich nicht schlecht, denn in Anekdoten lassen sich – wie in den Gleichnissen der Evangelien – viele Ideen kondensieren. So nahm ich Rekurs auf eine persönliche Anekdote.

Ich erzählte also, daß ich häufig, wenn ich wegen eines Kongresses oder sonstigen universitären Ereignisses irgendwo in Übersee bin, in Amerika, Asien oder Australien, nach einem Tag voll herzlichster Interaktion mit den örtlichen Kollegen am späten Abend vor dem letzten Whisky mir plötzlich bewußt werde, daß ich letzten Endes lieber mit einem europäischen Kollegen rede. Ich finde ihn weniger anstrengend, egal ob er Schwede oder Bulgare ist. Es ist leichter, mit ihm zu argumentieren, es stellt sich heraus, daß wir viele Dinge gemeinsam haben, eine Geschichte, eine Art zu denken, sogar viele Erfahrungen (zum Beispiel die eines im eigenen Lande erlebten Weltkriegs).

In solchen Situationen entdecke ich meine europäische Identität. Der Interviewer wandte ein, solch eine Erfahrung sei vielleicht für einen Intellektuellen erreichbar, aber sie sei undenkbar bei, sagen wir, einem Bauern, der niemals sein Dorf verlassen hat und keine andere Sprache als seinen heimischen Dialekt spricht. Und er hatte recht.

An dieses Interview mußte ich denken, als ich vor zehn

Tagen in Florenz auf einem Treffen von Repräsentanten der europäischen Regionen sprechen sollte. Eingeladen, dazu das meine zu sagen, erzählte ich meine Anekdote und fragte mich, auf wie viele andere Menschen sich diese Art von Erfahrung ausweiten ließe. Zunächst einmal, um einen Anfang zu machen, potentiell auf alle Studenten. Das Erasmusprojekt würde, sobald es einmal obligatorisch gemacht oder jedenfalls für alle erreichbar wäre, dafür sorgen, daß jeder Studierende mindestens ein Jahr seines Lebens an Hochschulen eines anderen Landes verbringt. Ich behaupte sogar seit langem, Erasmus würde sich nicht nur intellektuell, sondern auch sexuell oder, wenn man so will, genetisch auszahlen. Ich habe viele Studierende kennengelernt, die nach einer gewissen Zeit im Ausland dort geheiratet haben. Wenn dieser Trend sich verstärkt und immer mehr zweisprachige Kinder geboren werden, könnten wir in dreißig Jahren eine europäische Führungsschicht haben, deren Mitglieder in der Regel mindestens zweisprachig sind. Das wäre nicht wenig.

Die Frage ist: Läßt sich die Idee des Erasmusprojekts auch auf Leute ausdehnen, die keine geistigen Berufe ausüben? Das Treffen der europäischen Regionen schien genau dazu angetan, solche Fragen zu diskutieren. Europa schickt sich an, nicht nur eine Plattform für die Begegnung von Nationalstaaten und nicht nur ein Netzwerk von Zwillingsstädten zu sein, sondern eine Konföderation von Regionen.

Bei uns mag das Wort »Regionalismus« Ängste wecken, weil es an den Rassismus der Lega Nord denken läßt, aber auf europäischer Ebene hat eine verstärkte Beziehung zwischen Regionen genau die entgegengesetzte Bedeutung. Sie bewirkt nicht Ab- und Einkapselung in sich selbst,

Umbenennung der Straßen mit mundartlichen Namen oder Schulunterricht nur im Dialekt, sondern im Gegenteil eine Öffnung aller Regionen zu weiteren Horizonten. Und (einmal abgesehen von historischen Wurzeln, die zum Beispiel einen Piemontesen oder Liguren sehr nahe an einen Katalanen heranführen können) es sind vor allem ökonomische Gründe, von der Industrieproduktion bis zur Landwirtschaft, aus denen auch geographisch weit voneinander entfernte Regionen vielfältige gemeinsame Interessen entdecken können.

Es könnte daher den Regionen zufallen, für ihre Bürger Gelegenheiten zum Schüler- und Studentenaustausch und zu längeren Arbeitsaufenthalten im Ausland zu organisieren.

Das wäre dann nicht die Touristenreise, auf der man von dem besuchten Land nur die Fetisch-Monumente sieht oder das, was einem die Reiseagenturen zeigen (so daß Deutsche, die ihren Sommerurlaub in Rimini verbringen, nur den Strand und die Diskotheken sehen, aber vom Malatesta-Tempel und den schönen alten Plätzen der Innenstadt nichts mitbekommen). Es wäre im Gegenteil eine Art und Weise, andere Länder von innen her zu erleben, die eigenen Fähigkeiten in sie einzubringen und sich neue zu erwerben.

Im Grunde kommen die Widerstände nicht nur gegen Europa, sondern manchmal auch gegen andere Regionen des eigenen Landes aus den sogenannten »tiefen« Verwurzelungen, die nichts anderes sind als zwanghafte Abschottung gegen alles, was irgendwie anders ist. Ein Austausch, der sich mit den Jahren immer mehr intensivierte, würde zu Entdeckungen, Befruchtungen und mit der Zeit immer dauerhafteren Beziehungen führen.

Sicher ist das kein Projekt, das sich leicht realisieren läßt. Gerade auf dem Treffen der Regionalvertreter in Florenz ist der Repräsentant einer Region des Vereinigten Königreichs aufgestanden und hat gesagt, er fühle sich in Südafrika wohler als in einem anderen europäischen Land. Aber genau dies ist der Punkt. Einmal abgesehen vom Geist des Commonwealth, hatte der Mann ja das Problem der Sprachgrenzen artikuliert, derentwegen es evident ist, daß ein Waliser sich in Johannesburg wohler fühlt als in Paris, da er weiter englisch sprechen kann. Mein Vorschlag zielte genau darauf ab, daß es für einen Waliser eines Tages möglich wird, inmitten von Menschen zu leben, die beispielsweise spanisch sprechen, um so aus seinem sprachlichen Gefängnis herauszukommen.

(2. Oktober 2003)

Wie man eine Schuld auf Raten abzahlt

Ich möchte hier eine sehr persönliche Geschichte erzählen. Viele werden sich fragen, wieso die Sache sie etwas angehen soll, aber ich glaube, daß diese kleine Geschichte eine Moral enthält, genauer gesagt sogar mindestens drei. Ich war noch kaum zwanzig Jahre alt, als ich mit der Arbeit an meiner Dissertation begann, in der es um die Ästhetik bei Thomas von Aquin gehen sollte. Damals war es eine kontroverse Frage, ob im Mittelalter präzise und interessante Ideen über die Kunst und das Schöne umgingen. Benedetto Croce hatte in seiner 1902 erschienenen Geschichte der Ästhetik gut zehn Jahrhunderte in viereinhalb Seiten erledigt, die sehr skeptisch gehalten waren.

Beim Stöbern in Katalogen entdeckte ich, daß 1946 in einem fast unbekannten Verlag in Brügge die *Études d'esthétique médiévale* eines gewissen Edgar de Bruyne erschienen waren. Die drei Bände mit zusammen 1500 Seiten konnten nur eine sehr kleine Auflage gehabt haben, aber schließlich gelang es mir, sie in zwei Bibliotheken aufzutreiben. Ich verbrachte Monate mit dem Exzerpieren, denn damals gab es noch keine Fotokopierer, und dieses Werk war grundlegend für meine Arbeit – und für die vieler anderer.

Die Sache war die, daß de Bruyne sich mit einer wahren Engelsgeduld darangemacht hatte, Texte zu sammeln, zu transkribieren und zu kommentieren, indem er Tausende von Seiten »scannte«, wie man heute sagen würde (aber damals gab es noch keine Computer). Er hatte alles zusammengetragen, was von Boethius bis Duns Scotus zum Thema gesagt worden war, und somit bewiesen, daß es im Mittelalter eine beachtliche Aufmerksamkeit für die Probleme der Ästhetik gegeben hatte, mochten sie auch in theologischem Kontext oder in Lehrbüchern der Grammatik, der Rhetorik oder der Musik diskutiert worden sein. Daher war die Begegnung mit de Bruyne für mich im Wortsinne fundamental, und ich bin im Laufe meines Lebens immer wieder auf seine drei Bände zurückgekommen, auch als sie ins Spanische übersetzt worden waren* (französisch sind sie erst vor fünf Jahren bei Albin Michel neu aufgelegt worden und stehen nun jedermann zur Verfügung). Wann immer ich seine Arbeit wissentlich verwendet habe, habe ich ihn als Quelle genannt, aber wer weiß, wie oft ich Dinge als allgemein bekannt vorausgesetzt habe, die ich in Wahrheit von ihm gelernt hatte. Als meine Dissertation erschienen war, schickte ich ihm ein Exemplar, und er schrieb mir 1956 einen freundlichen und generösen Brief. Ein paar Jahre später schickte ich ihm ein weiteres Buch und bekam einen Brief von seiner Witwe, die mir mitteilte, daß er inzwischen gestorben war. So habe ich Edgar de Bruyne nie besuchen können, um ihm für all das zu danken, was er mir gegeben hatte.

Nächsten Monat wird nun in Brüssel ein Kongreß über ihn stattfinden (er hatte noch andere Werke über Philosophie, eine Geschichte der Ästhetik in niederländischer Sprache und zahlreiche Aufsätze geschrieben und war auch Senator gewesen), und vielleicht weil ich ihn so oft

---

* Eine Übersetzung ins Deutsche gibt es nicht, wohl aber eine ins Englische: *The Esthetics of the Middle Age*, New York: Ungar 1969 (A. d. Ü.).

zitiert habe, bin ich gebeten worden, über ihn als Historiker der Ästhetik zu sprechen. Und hier komme ich zur ersten Moral: Dieser Mann hatte mir so vieles gegeben, als ich zwanzig war, seitdem sind fünfzig Jahre vergangen, ich bin jetzt älter, als er zur Zeit seines Todes war, und so schließt sich ein Kreis. Da der Schüler den Meister nichts lehren kann, geht er hin, um andere zu lehren, was er von ihm gelernt hat. Ich zahle eine Schuld ab und fühle mich aufs schönste mit meiner Vergangenheit im reinen.

Einen Vortrag von etwa fünfzehn Seiten über Edgar de Bruyne zu schreiben hätte jedoch erfordert, jene 1500 Seiten wiederzulesen, dazu die anderen rund 1200 seiner *Geschiedenis van de aestetica* und vieles mehr, was er zu diesem Thema veröffentlicht hatte, zu schweigen von der Rekonstruktion seines philosophischen Denkens außerhalb seiner Tätigkeit als Historiker. Aber ich brauchte nur einen alten Karton aufzuschnüren, in dem ich die ganze Stoffsammlung für meine Dissertation aufbewahrt hatte, und Hunderte von Karteikarten, Zetteln und Heftseiten (nur ein Zehntel davon ist für die Dissertation verwendet worden) erlaubten mir, mein Problem in wenigen Tagen zu lösen. Man wird sagen, ich hätte de Bruyne mit dem Blick eines Zwanzigjährigen wiedergelesen, aber ich habe anhand seiner Texte ein paar Nachprüfungen vorgenommen und entdeckt, daß ich meine Ansichten zu diesem Thema nicht sehr geändert habe, außer daß ich damals, scheint mir, scharfsichtiger war als heute. Ich hatte wohl mehr Neuronen. Und damit kommen wir zur zweiten Moral meiner Geschichte. In meinem Büchlein *Come si fa una tesi di laurea* (»Wie schreibt man eine akademische Abschlußarbeit«) hatte ich behauptet, mit einer gutgemachten Doktorarbeit verhalte es sich ein bißchen so wie beim Schwein: man wirft nichts weg, und noch Jahrzehnte später kann man das Material in verschiedenen Situationen wiederverwenden. Ich bin froh, daß ich recht gehabt habe.

Die letzte Moral ist jedoch eine andere. Es kommt oft vor, daß man einem jungen Menschen erklären muß, warum es gut ist zu studieren. Es nützt nichts, ihm zu sagen, daß man es aus Liebe zum Wissen tun solle, wenn er diese Liebe zum Wissen nicht hat. Es nützt auch nichts, ihm zu sagen, daß ein Wissender mit den Dingen des Lebens besser zurande kommt als ein Unwissender, denn er könnte immer auf irgendeinen Hochgelehrten verweisen, der aus seiner Sicht ein miserables Leben führt. Die einzige Antwort ist daher, daß der Umgang mit Wissen neue Verwandtschaften, Zusammenhänge, affektive Beziehungen herstellt: Er bringt uns mit Eltern jenseits unserer leiblichen Eltern zusammen, er gibt uns mehr Leben, weil wir uns nicht nur an unser eigenes Leben, sondern auch an das von anderen erinnern, er knüpft eine durchgängige Verbindung von unserer Jugend (manchmal sogar unserer Kindheit) bis heute. Und das ist alles sehr schön.

(30. Oktober 2003)

Philosophieren auf weiblich

Die alte philosophische These, nach welcher der Mann das Unendliche zu denken vermag, während die Frau der Endlichkeit einen Sinn verleiht, läßt sich auf vielerlei Weise lesen: zum Beispiel so, daß der Mann, da er keine Kinder gebären kann, sich mit den Paradoxen des Zenon tröstet. Auf der Grundlage solcher Thesen hat sich jedoch die Vorstellung verbreitet, daß die Geschichte (zumindest bis zum 20. Jahrhundert) uns zwar große Dichterinnen und allergrößte Erzählerinnen beschert hat, auch Wissenschaftlerinnen in verschiedenen Disziplinen, aber weder Philosophinnen noch Mathematikerinnen.

Auf Verzerrungen dieser Art gründete lange die Überzeugung, Frauen könnten nicht malen, abgesehen von den üblichen Rosalba Carriera oder Artemisia Gentileschi. Natürlich, solange die Malerei vorwiegend Freskenmalerei in Kirchen war, galt es als indezent, im Rock auf Gerüste zu steigen, und es war auch nicht Frauensache, eine Werkstatt mit dreißig Lehrlingen und Gesellen zu leiten, aber sobald das Malen an der Staffelei möglich wurde, kamen die Malerinnen zum Vorschein. Es ist ein bißchen, als wollte man sagen, die Juden seien in vielen Künsten groß gewesen, nur nicht in der Malerei, bis Chagall kam. Gewiß war ihre Kunst vorwiegend auditiv und nicht visuell, und Gott durfte nicht bildlich dargestellt werden, aber es gibt eine interessante visuelle Produktion in vielen hebräischen Manuskripten. Das Problem ist, daß in den Jahrhunderten, in denen die figurativen Künste hauptsächlich in den Händen der Kirche lagen, ein Jude schwerlich ermutigt wurde, Madonnen und Kreuzigungen zu malen, und das ist so wenig verwunderlich wie die Tatsache, daß kein einziger Jude jemals Papst geworden ist.

Die Chroniken der Universität Bologna verzeichnen Professorinnen wie Bettisia Gozzadini und Novella d'Andrea (von der es heißt, sie sei so schön gewesen, daß sie ihre Vorlesungen hinter einem Schleier halten mußte, um die Studenten nicht zu verwirren), aber ihr Fach war nicht die Philosophie. In den Lehrbüchern der Philosophie begegnen wir keinen Frauen, die Dialektik oder Theologie gelehrt haben. Héloïse, die ebenso brillante wie unglückliche Studentin des Scholastikers Abaelard, mußte sich damit begnügen, Äbtissin zu werden.

Das Problem der Äbtissinnen ist jedoch nicht auf die leichte Schulter zu nehmen, eine Philosophin unserer Tage wie Maria Teresa Fumagalli hat ihm viele Seiten gewidmet. Eine Äbtissin war eine geistliche, institutionelle und politische Autorität und erfüllte in der mittelalterlichen Gesellschaft wichtige intellektuelle Funktionen. Ein gutes Handbuch der Philosophie muß unter den Hauptpersonen der Geschichte des Denkens große Mystikerinnen wie Katharina von Siena aufführen, ebenso Hildegard von Bingen, die uns, was metaphysische Visionen und Ausblicke ins Unendliche angeht, noch heute harte Nüsse zu knacken gibt.

Der Einwand, Mystik sei keine Philosophie, ist nicht stichhaltig, denn in den gängigen Philosophiegeschichten wird Mystikern wie Heinrich Seuse, Johannes Tauler oder Meister Eckhart gebührend Platz eingeräumt. Und wer sagt, ein Großteil der weiblichen Mystik habe dem Körper mehr Gewicht als den abstrakten Ideen gegeben, müßte auch sagen, daß einer wie zum Beispiel Maurice Merleau-Ponty aus den Handbüchern der Philosophie zu verschwinden habe.

Die Feministinnen haben sich als ihre Heroine seit langem Hypatia auserkoren, die zu Anfang des fünften Jahrhunderts in Alexandria platonische Philosophie und hohe Mathematik lehrte. Hypatia ist zum Symbol geworden, aber von ihren Werken ist leider nur die Legende geblieben, denn sie sind verschollen, wahrscheinlich vernichtet worden, so wie sie selbst vernichtet wurde, bestialisch in Stücke gerissen vom Mob der alexandrinischen Christen, die nach Meinung einiger Historiker jener selbe Cyrillus von Alexandria aufgehetzt hatte, der später, wenn auch nicht deswegen, heiliggesprochen wurde. Aber gab es nur Hypatia?

Vor kurzem ist in Frankreich (bei Arléa) ein Büchlein mit dem Titel *Histoire des femmes philosophes* erschienen. Wenn man sich fragt, wer der als Autor genannte Gilles Ménage ist, entdeckt man, daß er im 17. Jahrhundert gelebt hatte, Latinist und Hauslehrer von Madame de Sévigné und Madame de Lafayette war und daß sein 1690 erschienenes Buch den Titel *Mulierum philosopharum historia* trug, also »Geschichte der Philosophinnen«. Von wegen nur Hypatia. Obwohl es hauptsächlich die Antike behandelt, präsentiert uns das Buch eine ganze Reihe faszinierender Gestalten: Diotima die sokratische, Arete die kyrenische, Nikarete die megarische, Hipparchia die zynische, Theodora die peripatetische, Leontia die epikureische, Themistoklea die pythagoreische, und Ménage hatte beim Durchblättern der antiken Texte und jener der Kirchenväter gut fünfundsechzig weitere Namen gefunden, auch wenn er den Begriff der Philosophie ziemlich weit faßte.

Stellt man in Rechnung, daß die Frau in der griechischen Gesellschaft ins Haus verbannt war, daß die Philosophen sich lieber mit schönen Knaben als mit Mädchen unterhielten und daß die Frau, um öffentliche Bekanntheit zu genießen, eine Hetäre sein mußte, so begreift man, welche Anstrengung es diese Denkerinnen gekostet haben muß, sich Gehör zu verschaffen. Als Hetäre, also Kurtisane, wenn auch mit dem vorangestellten Prädikat »edel«, wird übrigens heute noch Aspasia erinnert, wobei man vergißt, wie versiert sie in Rhetorik und Philosophie war und daß (wie Platon bezeugt) auch Sokrates sie schätzte und frequentierte.

Ich habe mindestens drei Enzyklopädien unserer Tage durchgesehen und von diesen Namen (außer Hypatia) keine Spur gefunden. Es ist nicht so, daß es keine philosophierenden Frauen gab. Es ist vielmehr so, daß die Philosophen es vorzogen, sie zu vergessen, womöglich nachdem sie sich ihre Ideen angeeignet hatten.

(11. Dezember 2003)

Hundert Jahre leben

In einem alten Gedicht von Edmondo De Amicis, dem Autor des Jugendromans *Cuore*, heißt es: »Nicht immer tilgt das Alter die Schönheit, / nicht immer lassen die Tränen und Mühen sie welken; / meine Mutter zählt sechzig Jahre, / und je länger ich sie betrachte, desto schöner erscheint sie mir.«

Das ist keine Hymne auf die weibliche Schönheit, sondern auf die Sohnesliebe. Heute müßte sich diese Liebe an die Schwelle der neunziger Jahre begeben, denn eine Dame mit sechzig zeigt sich, solange sie einigermaßen gesund ist, frisch und tatkräftig, und wenn sie sich einem plastischen Chirurgen anvertraut hat, sieht sie zwanzig Jahre jünger aus. Ich erinnere mich, daß ich mir als Junge immer vornahm, niemals die Sechzig zu überschreiten, denn es würde schrecklich sein, gebrechlich, senil und sabbernd in einem Heim für arme Alte zu überleben. Und wenn ich an das Jahr 2000 dachte, sagte ich mir, daß ich zwar theoretisch, wie Dante bezeugt, siebzig Jahre alt werden und folglich das Jahr 2002 erreichen könnte, aber daß es sich in der Praxis um eine sehr unwahrscheinliche Hypothese handelte und man nur selten solch ein ehrwürdiges Alter erreiche.

Daran mußte ich denken, als ich vor ein paar Jahren dem damals hundertjährigen Hans-Georg Gadamer begegnete. Er war von weit her zu einem Kongreß gekommen und saß mit gutem Appetit bei Tisch. Ich fragte ihn, wie es ihm gehe, und er antwortete mir mit einem fast traurigen

Lächeln, ihm täten die Beine weh. Man hätte ihn ohrfeigen können für soviel fröhliche Schamlosigkeit (tatsächlich hat er noch zwei weitere Jahre sehr gut gelebt).

Wir glauben in einer Zeit zu leben, in der die Technik jeden Tag gewaltige Fortschritte macht, wir fragen uns, wohin wir mit der Globalisierung noch kommen werden, aber wir denken viel seltener über die Tatsache nach, daß der größte Entwicklungsschritt, den die Menschheit erreicht hat (und hier übertrifft die Akzeleration das Wachstum jedes anderen Unternehmens), die Verlängerung des durchschnittlichen Lebensalters ist.

Daß der Mensch die Natur eines Tages würde beherrschen können, hatte im Grunde bereits der Troglodyt geahnt, als es ihm das erste Mal gelungen war, Feuer zu machen, zu schweigen von unserem reiferen Vorfahren, der das Rad erfunden hat. Daß wir eines Tages Flugmaschinen würden bauen können, haben bereits Roger Bacon, Leonardo da Vinci und Cyrano de Bergerac vorausgesagt; daß es gelingen würde, die Geschwindigkeit unserer Fortbewegung zu vervielfachen, war seit der Erfindung der Dampfmaschine klar; daß wir elektrisches Licht haben würden, konnte man seit den Tagen von Volta vermuten.

Aber jahrhundertelang träumten die Menschen vergebens vom Lebenselixier und vom Jungbrunnen. Im Mittelalter gab es hervorragende Windmühlen (die noch heute gut sind, um alternative Energie zu erzeugen), aber es gab auch eine Kirche, in die man pilgerte, um sich das Wunder zu erwerben, bis zum vierzigsten Lebensjahr auf Erden zu weilen.

Wir sind vor über dreißig Jahren auf dem Mond gelandet und haben es noch immer nicht bis zum Mars geschafft, doch zur Zeit der Mondlandung war ein sechzigjähriger Mensch dem Ende seines Lebens nahe, während er heute (Infarkt und Krebs beiseite) die nicht unvernünftige Hoffnung hat, das neunzigste Lebensjahr zu erreichen.

Kurzum, der große Fortschritt – wenn wir hier von Fortschritt sprechen wollen – hat mehr auf dem Gebiet der Lebenszeit als dem der Computer stattgefunden. Die Computer waren bereits durch die Rechenmaschine von Pascal angekündigt, der mit neununddreißig gestorben ist, was zu seiner Zeit schon ein schönes Alter war. Alexander der Große und Catull sind mit dreiunddreißig gestorben, Mozart mit sechsunddreißig, Chopin mit neununddreißig, Spinoza mit fünfundvierzig, Thomas von Aquin mit neunundvierzig, Shakespeare und Fichte mit zweiundfünfzig, Descartes mit vierundfünfzig und Hegel im hohen Alter von einundsechzig.

Viele der Probleme, die wir heute anpacken müssen, hängen von der Verlängerung der mittleren Lebenszeit ab. Ich meine gar nicht nur die Renten. Auch die riesige Migration der Dritten Welt in die westlichen Länder kommt gewiß daher, daß Millionen von Menschen hoffen, hier Nahrung, Arbeit und all das zu finden, was Kino und Fernsehen ihnen versprechen, aber sie versuchen auch eine Welt zu erreichen, in der man länger lebt – und jedenfalls aus einer zu fliehen, in der man zu früh stirbt.

Dennoch glaube ich (auch wenn ich keine Statistiken zur Hand habe), daß die Summe, die wir für gerontologische Forschungen und für Präventivmedizin ausgeben, unendlich viel kleiner ist als die Summe, die wir für Rüstung und Informatik bezahlen, ganz zu schweigen davon, daß wir ziemlich gut wissen, wie man eine Stadt zerstört und wie man die Information billig transportiert, aber noch immer keine genauen Vorstellungen haben, wie sich kollektiver Wohlstand, Zukunft der jungen Generation, Überbevölkerung des Globus und Verlängerung des Lebens miteinander vereinen lassen.

Ein junger Mensch mag glauben, Fortschritt sei das, was ihm ermöglicht, Nachrichten per Mobiltelefon zu verschicken oder zum Billigpreis nach New York zu fliegen, aber das Verblüffende (und das ungelöste Problem) ist, daß er sich anschickt, wenn alles gutgeht mit vierzig erwachsen zu werden, während seine Vorfahren es mit sechzehn wurden.

Sicher haben wir Gott oder dem Schicksal zu danken, daß wir länger als unsere Vorfahren leben, aber wir müssen dieses Faktum als eines der dramatischsten Probleme unserer Zeit begreifen, nicht als eine freudige Tatsache, die man einfach genießen kann. Von wegen Ruhestand ...

(31. Dezember 2003)

Die großen Plagen,
vom Winde verweht

Erinnert sich noch jemand an die Pädophilen? Vor ein paar Jahren schien es plötzlich, als lauere hinter jeder Ecke einer. Man nahm die Kinder an die Leine, in manchen Ländern wurden Protestmärsche organisiert, und kinderliebe Personen, die früher, wenn ihnen ein Bambino im Supermarkt oder in der Eisenbahn zwischen die Füße kam, ihm sacht übers Haar streichelten, paßten nun höllisch auf, keine falsche Bewegung zu machen, oder begannen sogar, um nicht schmutziger Triebe verdächtigt zu werden, die Kinder mit Füßen zu treten und mit Gesten und Blicken einen tugendhaften Widerwillen gegen jeden Vertreter der nachwachsenden Generation zu bezeugen, der nicht mindestens seinen Militärdienst absolviert hatte.

Natürlich wußten wir alle, daß es Pädophile seit Anbeginn der Welt gab, uns war von klein auf beigebracht worden, daß man keine Karamelbonbons von Unbekannten annehmen darf, und brave Mädchen lernten spätestens seit der Pubertät, nicht darauf einzugehen, wenn fremde Herren sie einluden, ihre Porzellansammlung zu besichtigen. Aber auch wenn man das alles wußte, war man doch überzeugt, daß die Pädophilie auf einmal kosmische Dimensionen angenommen hatte. Auch weil die Pädophilen, die früher alles taten, um unbemerkt zu bleiben, sich nun offen im Internet zeigten, wie um allen ihre aufdringliche Präsenz zu verkünden – wobei dann herauskam, daß der durchschnittliche Pädophile nicht nur ein Schmutzfink war, sondern auch ein Dummkopf, weil er als einziger noch glaubte, daß *online* gepflegte Beziehungen privat seien und sich den Augen der anderen entzögen.

Dann war auf einmal nichts mehr von den Pädophilen zu hören. Man schlage nur eine Zeitung auf: seit Jahren keine Nachrichten mehr von Herren, die sich honigsüß einem Kind im Stadtpark nähern, kein teuflischer Onkel, der seinen Neffen befummelt, nichts. Alle offenbar konvertiert, was weiß ich, zur Gerontophilie.

Lassen wir also die Pädophilen. In den letzten zwei Monaten hatten wir ohnehin keine Zeit, an sie zu denken, weil wir unentwegt damit beschäftigt waren, Mineralwasserflaschen zu schütteln und auf den Kopf zu stellen, um zu prüfen, ob irgendwo aus einer unmerklichen Pore Flüssigkeit austrat, und uns darin zu üben, den Geruch von Putzmitteln und Chlorbleiche zu erkennen, um deren Präsenz erraten zu können, wenn wir das Glas an die Lippen führen. Eine wahre Plage, noch schlimmer als die vorige, weil die Pädophilen ja nur die Eltern von Kindern im zarten Alter beunruhigen, während die Mineralwasserflaschenvergifter allen angst machen, auch den Ledigen und den Hundertjährigen ohne Familie.

Man wird bemerkt haben, daß inzwischen keine vergifteten Mineralwasserflaschen mehr im Umlauf sind. Vermutlich liegt es an den Festtagen, an der Erwartung einer Bombe auf dem Petersplatz oder an dem explosiven *Piacere*, das jemand an Prodi geschickt hat[*] – und ich notiere

---

[*] Am 27. Dezember 2003 bekam Romano Prodi, damals noch Präsident der EU-Kommission, eine Briefbombe in Form eines entsprechend präparierten Exemplars von Gabriele D'Annunzios Roman *Piacere* (»Lust«) an seine Privatadresse in Bologna geschickt, die glücklicherweise keinen größeren Schaden anrichtete (A. d. Ü.).

nebenbei, daß damit, jenseits des von allen verabscheuten Verbrechens, auch ein wunderschöner Roman ruiniert worden ist, denn wer wird jetzt noch den Mut haben, ein Exemplar von *Piacere* an einem Bouquinistenstand zu kaufen? Aber die Zeitungen sprechen nicht mehr von Mineralwasser.

Entweder sind die Verbrecher also von Reue erfaßt worden, oder sie haben die Lust an einem Spiel verloren, das alles in allem recht fade war, oder die Ordnungskräfte haben ihre Kontrollen verdoppelt – jedenfalls kann man jetzt wieder unbesorgt Mineralwasser trinken.

Ich möchte es mit dem Optimismus nicht übertreiben, aber auch die atypische Lungenentzündung ist verschwunden. Beziehungsweise, vor ein paar Tagen hat sie noch einmal zugeschlagen, aber das war ein Einzelfall. Für eine Epidemie ist sie in der Tat atypisch: Etymologisch gesehen hat eine Epidemie, die sich nicht wie ein Lauffeuer in der Bevölkerung ausbreitet, nicht das Recht, sich Epidemie zu nennen.

Der erfahrene Leser wird jetzt in der Lage sein, meine Aufzählung fortzusetzen und sich an eine Unzahl von Phänomenen zu erinnern, die uns als Epidemien präsentiert worden sind und deren Wüten, wenn nicht bloß für die Dauer eines Vormittags, sicher nicht länger als eine Saison gewährt hat. Weshalb sich zu Recht der Verdacht erhebt, daß die Massenmedien, um Seiten oder Sendeminuten zu füllen und ihr Publikum bei Laune zu halten, dazu neigen, die Bedeutung gewisser Vorfälle aufzublähen. Dadurch rufen sie mit einiger Sicherheit Nachahmungstäter auf den Plan (einer hat vielleicht noch nie daran gedacht und sagt sich jetzt: »Sieh mal an, was für eine schöne Idee, einem fremden Kind Karamelbonbons anzubieten, ja schau doch mal, was für eine schöne Idee, Putzmittel in Mineralwasserflaschen zu füllen!«), aber nach einer Weile werden diese Verrückten es müde, den Zeitungsmeldungen nachzulaufen, und die Fernsehsender finden heraus, daß man keine neuen Zuschauer gewinnt, wenn man immer dieselbe Geschichte erzählt. So wird das Phänomen zu den Akten gelegt. Halten wir fest, daß bei den Mineralwasserflaschen, läßt man die Tat eines möglichen Irren beiseite, ein Großteil der Fälle auf kollektive Psychose zurückging und mancher schon bereit war, nach einer Magenspülung zu rufen, bloß weil er eine Flasche geöffnet hatte, die ein bißchen nach Plastikverschluß roch. Aber die Pädophilen gibt es wirklich, sie existieren wie eh und je, und zu meinen, mit dieser Plage sei es vorbei, könnte die Wachsamkeit erlahmen lassen, die man normalerweise ihr gegenüber haben muß. Doch so laufen nun einmal die Dinge in dieser Welt, und wir haben noch immer das üble Laster, zu schrill vor dem bösen Wolf zu warnen, so daß es passieren kann, daß jemand unserem Alarmgeschrei nicht mehr glaubt und dann prompt gefressen wird.

(15. Januar 2004)

Kann das Publikum dem Fernsehen weh tun?

Aus Madrid ruft mich mein Kollege und Freund Jorge Lozano an, der Semiotik und Kommunikationstheorie an der Universidad Complutense lehrt. »Hast du gesehen, was bei uns passiert ist?« fragt er mich. »Es bestätigt alles, was ihr in den sechziger Jahren geschrieben habt. Ich gebe meinen Studenten gerade die Erklärung zu lesen, die du zusammen mit Paolo Fabbri und anderen 1965 in Perugia abgegeben hast, deinen Vortrag in New York 1967 über die ›semiologische Guerilla‹* und deinen Aufsatz 1973 unter dem Titel ›Kann das Publikum dem Fernsehen weh tun?‹. Da steht alles schon drin!«

Es freut einen, wenn man zum Propheten erklärt wird, aber ich habe Lozano zu bedenken gegeben, daß wir damals keine Prophezeiungen machten, sondern Tendenzen beschrieben, die bereits existierten. Gut, gut, sagt er, aber die einzigen, die das nicht gelesen haben, waren exakt die Politiker. Mag sein. Die Sache war folgende. In jenen sechziger und frühen siebziger Jahren hieß es oft, das Fernsehen (und allgemein die Massenmedien) seien ein übermächtiges Instrumentarium, das kontrollieren könne, was man damals die »Botschaften« nannte, und wenn man diese Botschaften analysiere, könne man sehen, wie stark sie die Meinungen der Adressaten beeinflußten und sogar

---

* Deutsch in Eco, *Über Gott und die Welt*, Hanser 1985, S. 146–156 (A. d. Ü.).

ihr Bewußtsein formten. Allerdings sei das, was die Botschaften sagen wollten, nicht unbedingt immer das, was das Publikum in ihnen lese. Die banalsten Beispiele dafür waren, daß eine Reihe vorbeitrottender Kühe von einem europäischen Metzger anders »gelesen« werde als von einem indischen Brahmanen, oder daß die Werbung für einen Jaguar bei einem wohlhabenden Betrachter Begehrlichkeit wecke und bei einem mittellosen Frustrationsgefühle. Kurzum, eine Botschaft ziele zwar darauf ab, bestimmte Wirkungen zu erzeugen, aber sie könne mit örtlichen Situationen, mit andersgelagerten psychischen Dispositionen, mit Wünschen und Ängsten zusammenstoßen und dann Bumerang-Effekte erzeugen.

So ist es jetzt in Spanien geschehen.* Die Botschaften der Regierung Aznar wollten sagen: »Glaubt uns, das Attentat ist ein Werk der ETA«, aber gerade weil diese Botschaften so insistent und apodiktisch waren, las die Mehrheit darin: »Wir fürchten uns zu sagen, daß es Al-Qaida war.« Und hier hat sich das zweite Phänomen eingenistet, das wir damals als »semiologische Guerilla« definiert hatten. Wir sagten: Wenn jemand die Kontrolle über die Sendungen hat, kann man nicht zu den Sendern gehen und den ersten Platz vor den Kameras besetzen, aber man kann zu den Empfängern gehen und ideell den ersten Platz vor jedem Bildschirm besetzen.

Mit anderen Worten, die semiologische Guerilla sollte aus einer Reihe von Aktionen bestehen, die nicht am Ausgangspunkt, sondern am Ziel der Botschaft ansetzen, indem sie das Publikum dazu bringen, über die empfangene

---

* Dieser Text wurde wenige Tage nach den Terroranschlägen in Madrid vom 11. März 2004 geschrieben (A. d. Ü.).

Botschaft zu diskutieren, anstatt sie einfach passiv hinzunehmen. In den sechziger Jahren konzipierten wir diese »Guerilla« noch ziemlich archaisch als Flugblattaktionen, Organisation von »Fernsehforen« nach dem Modell der Kinoforen oder mobile Interventionen in Bars, wo sich ein Großteil der Leute noch um den einzigen Fernseher des Viertels scharte. Aber was dieser Guerilla jetzt in Spanien einen ganz neuen Ton und viel größere Effizienz verliehen hat, ist die Tatsache, daß wir in der Epoche des Internet und der Mobiltelefone leben. So ist die »semiologische Guerilla« dort nicht von kleinen Elitegruppen organisiert worden, von irgendwelchen Aktivisten oder militanten Vorkämpfern, sondern hat spontan um sich gegriffen wie ein Tamtam mit Buschtrommeln, eine Weitergabe von Mund zu Mund, von Bürger zu Bürger.

Was die Regierung Aznar in die Krise gestürzt hat, sagt mein Gesprächspartner in Madrid, war ein Strudel, ein unaufhaltsamer Strom von privaten Kommunikationen, der sich rapide zu einem Massenphänomen gesteigert hat. Die Leute sind losgezogen, sie sahen die Nachrichten und lasen Zeitungen, aber gleichzeitig kommunizierte jeder mit jedem und fragte sich, ob es wahr sei, was da behauptet wurde. Das Internet machte es möglich, auch die ausländische Presse zu lesen, die Meldungen wurden verglichen und diskutiert. Binnen weniger Stunden bildete sich eine öffentliche Meinung, die nicht so dachte und redete, wie das Fernsehen es wollte. Es war ein epochales Phänomen, wiederholte Lozano immer wieder, das Publikum kann dem Fernsehen tatsächlich weh tun. Vielleicht dachte er dabei im stillen: *No pasaran!*

Als ich vor ein paar Wochen in einer Debatte vorschlug, wenn das Fernsehen von einem einzigen Besitzer kontrolliert wird, könnte man eine Kampagne mit »Sandwich-Männern« machen, die mit Plakaten auf Bauch und Rücken durch die Straßen gehen und den Leuten Dinge erzählen, die das Fernsehen ihnen verschweigt, wollte ich keinen lustigen Vorschlag machen. Ich dachte wirklich an die unzähligen alternativen Kanäle, die uns die Welt der Kommunikation zur Verfügung stellt: Man kann einer kontrollierten Information auch mit den Kurzbotschaften der Mobiltelefone widersprechen, anstatt bloß immer »Ich liebe dich« mit ihnen zu senden.

Angesichts des Enthusiasmus meines Freundes habe ich ihm geantwortet, daß bei uns vielleicht die alternativen Kommunikationsmittel noch nicht so weit entwickelt sind, wenn man bedenkt, daß hier Politik gemacht wird (denn es ist Politik, und zwar eine traurige), indem man ein Fußballstadion besetzt und ein Spiel unterbricht, und daß bei uns die möglichen Anstifter einer semiologischen Guerilla eher damit beschäftigt sind, sich gegenseitig weh zu tun, anstatt dem Fernsehen weh zu tun. Aber die spanische Lektion ist nachdenkenswert.

(3. April 2004)

Philosophie auf dem Nachttisch

Sei's, weil die Leute das Trash-Fernsehen nicht mehr ertragen, sei's weil in der Welt so viele häßliche Dinge geschehen, daß man sich nach ein paar Momenten ruhigen Nachdenkens sehnt, jedenfalls vervielfachen sich die Orte und Gelegenheiten, an und bei denen dem großen Publikum die Philosophie wieder nahegebracht wird. Und zwar genau die, die man aus der Schule kennt, womöglich in einem Café, wo man sich sonntags trifft, wie in Paris, oder in leicht lesbaren Vulgarisierungen, und manchmal auch, indem man ein unglaublich breites Publikum in Säle lockt, in denen professionelle Philosophen diskutieren.

Gewiß hat das alles mit Mode und massenmedialer Simplifizierung zu tun, aber das Phänomen ist nicht zu unterschätzen. Darum möchte ich hier ein paar Vorschläge für die nichtspezialisierten Leser machen, auch für jene, die keinen Philosophieunterricht in der Schule hatten oder die zu Vorträgen angeblicher Philosophen gegangen sind und nichts verstanden haben. Ihnen allen rate ich, den einfachsten Weg zu gehen, nämlich zu lesen, was die wirklichen Philosophen geschrieben haben.

Philosophie muß nicht immer leicht erscheinen, manchmal muß sie schwierig sein, aber nirgendwo steht geschrieben, daß man, um zu philosophieren, kompliziert daherreden muß. Die Schwierigkeit der Sprache ist – in der Philosophie – weder ein Zeichen für Qualität noch für Perversität, sie ergibt sich oft aus dem Problem, das behandelt wird. Es gibt philosophische Meisterwerke, die unsere

Denk- und Daseinsweise verändert haben, aber furchtbar schwer zu lesen sind, weshalb ich hier niemanden auffordern werde, etwa die *Metaphysik* oder das *Organon* von Aristoteles zu lesen, Kants *Kritik der reinen Vernunft* oder jenes sublime, aber alles andere als leicht zugängliche Buch, das wir in Spinozas *Ethik* haben.

Es gibt jedoch auch Philosophen, die es geschafft haben, sich leichtverständlich auszudrücken, und oft sind es dieselben, die in anderen Werken unverständlich erscheinen. Darum empfehle ich hier nur einige schmale Bücher (jedes hat nur um die hundert Seiten), die zeigen, wie man philosophieren kann, ohne zu viele Fachausdrücke zu gebrauchen.

Beginnen wir mit Platon. Ich würde den *Kriton* vorschlagen, in dem man lernt, wieso und warum sich ein Bürger nicht davon dispensieren kann, den Gesetzen zu gehorchen (heiße er nun Sokrates oder Silvio), dann weiter von Aristoteles die *Poetik*. Vergessen wir, daß er von der klassischen Tragödie spricht. Lesen wir ihn so, als würde er beschreiben, wie man einen Kriminalroman oder einen klassischen Western konzipiert. Aristoteles hatte schon alles begriffen, was über zweitausend Jahre später Hitchcock und John Ford begreifen sollten.

Dann nehmen wir von Augustinus *De magistro* (Über den Lehrer): Er spricht darin, wie man zu einem Sohn spricht, über alltägliche Dinge. Ein großes kleines Buch, genial in seiner Schlichtheit und gedanklichen Schärfe.

Obwohl mir das Mittelalter lieb und teuer ist, finde ich es schwer, einen Text aus der großen scholastischen Zeit zu empfehlen, denn knappe Ausführungen können, liest man sie ohne den Kontext ihrer Systematik, leicht in die Irre führen. Ich verlasse daher den Bereich der Philosophie im strengen Sinne und empfehle den Briefwechsel (ach ja, es sind Liebesbriefe) von Abaelard und Héloïse. Man erwarte sich nicht zuviel Sex, aber die Lektüre lohnt sich.

Was die Renaissance angeht, probieren wir es einmal mit der Rede über die Würde des Menschen von Pico della Mirandola. Und danach (aber nur in Auswahlausgaben, und die gibt es) einige Abschnitte aus den Essays von Montaigne. Sie tun auch in homöopathischen Dosen gut.

Gleich anschließend Descartes' *Discours de la méthode*, ein Musterbeispiel an Klarheit, und dann eine Auswahl der *Pensées* von Pascal. Und schließlich ein Philosoph, der so schrieb, als ob er nach dem Essen mit seinen Freunden plaudert, gebildet und voller Vernunft, nämlich John Locke mit seinem *Versuch über den menschlichen Verstand*. Das integrale Werk ist sehr lang, aber ich würde sagen, man kann sich auf das dritte Buch beschränken, in dem es darum geht, wie wir die Wörter und die Sprache gebrauchen. Machen wir's wie bei Aristoteles, lesen wir Locke, als spräche er darüber, wie wir Heutigen mit der Sprache umgehen, vergleichen wir seine Bemerkungen mit den Titelseiten der Zeitungen und den TV-Debatten unserer Tage.

Für die Epoche der Aufklärung würde ich mich zunächst auf Voltaires *Candide* beschränken; hier haben wir endlich mal einen Roman, der kurz und dabei auch noch höchst unterhaltsam ist.

Das 19. Jahrhundert ist schrecklich, lauter schwierige dicke Wälzer, aber nur wir Italiener betrachten Leopardis *Zibaldone* nicht als ein hochphilosophisches Werk. In Frankreich haben sie es vor kurzem voller Hochachtung wiederentdeckt. Auch hier begnügen wir uns mit einer Auswahl, eine oder zwei Seiten abends vor dem Einschlafen.

Oder wie wär's mit einem provokatorischen Vorschlag: In Anbetracht, daß Kant per definitionem zu anspruchsvoll ist, besuchen wir ihn doch einmal dort, wo er, um sein Gehalt aufzubessern, den Studenten Vorlesungen über Themen hielt, auf die er nicht spezialisiert war, wobei er sich als witzig und kauzig erwies, fähig, Anekdoten zu erzählen und auch paradoxe Meinungen zu äußern. Mit anderen Worten: Lesen wir seine Vorlesungen über Anthropologie. Der Titel *Anthropologie in pragmatischer Hinsicht abgefaßt* mag abschreckend klingen, aber der Text ist locker wie für eine Illustrierte.

Und dann? Tja, und dann ist der Platz für diesen Streichholzbrief zu Ende, und wir müssen die Zeitgenossen weglassen. Es sei denn, wir möchten da und dort noch ein bißchen Wittgenstein schnuppern, dann empfehle ich seine – nicht über den Titel erschrecken – *Philosophischen Untersuchungen*. Immer wieder werden wir sagen, er sei verrückt gewesen. Ja, er war ein Verrückter. Aber was für einer!

(6. Mai 2004)

Hände weg von meinem Sohn!

Also gut, aus Angst vor einer Reihe von Fragen und um die Sache ein für allemal hinter mich zu bringen, habe ich mir Mel Gibsons Film *Die Passion Christi* angesehen. Sogar bevor er in Italien anlief, in einem anderen Land (wo sie ihn wenigstens für die Minderjährigen verboten haben), es wird ja sowieso Aramäisch gesprochen, und man versteht höchstens die Römer, die »Iiii!« schreien, um »Hau ab!« zu sagen. Um es gleich vorwegzunehmen, dieser technisch sehr gut gemachte Film ist weder ein Ausdruck von Antisemitismus noch von christlichem Fundamentalismus mit obsessiver Mystik des blutigen Opfers. Er ist ein Splatterfilm, der möglichst viel Geld einbringen soll, indem er dem Publikum soviel Blut und Gewalt anbietet, daß *Pulp Fiction* dagegen wie ein Zeichentrickfilm für Vorschulkinder anmutet. Allenfalls hat er sich an Szenenfolgen nach Art der *Tom und Jerry*-Streifen orientiert, in denen die Figuren von Straßenwalzen plattgedrückt werden, um als bloße Silhouetten liegenzubleiben, von Wolkenkratzern fallen und in tausend Stücke zerbrechen, hinter Türen zerquetscht werden und so weiter. Dazu massenhaft Blut, Hektoliter von Blut, die von mindestens zehn Tankwagen zum Set gebracht worden sein müssen, nach dem Einsatz aller Vampire von Transsylvanien als Lieferanten.

Ein religiöser Film ist das nicht. Von der Botschaft Jesu erwähnt er gerade soviel, wie man zur Ersten Kommunion gelernt hat, seine Beziehung zu Gottvater ist hysterisch und absolut diesseitig, es könnte die von Charles Manson zu Satan sein, aber sogar dem Satan fehlt es an Majestät, er tritt hin und wieder in Gestalt einer schrägen Tunte auf, und angesichts der Verschwendung so vieler roter Blutkörperchen ist auch er am Ende betroffen. Im übrigen ist das am wenigsten überzeugende Bild das der finalen Auferstehung, die mehr einer Nacht der Lebenden Toten als einem Renaissancegemälde gleicht.

Von der sublimen Zurückhaltung der Evangelien hat dieser Film nichts, er führt detailliert alles vor, was sie verschweigen, um die Gläubigen der stillen Meditation über das größte Opfer der Geschichte zu überlassen. Wo die Evangelien sich mit der Aussage begnügen, daß Jesus gegeißelt wurde (ein Wort bei Matthäus, Markus und Johannes, keines bei Lukas), läßt Gibson ihn zuerst mit Ruten prügeln, dann mit nägelstarrenden Riemen und schließlich mit hölzernen Keulen, bis er so zugerichtet ist, wie sich die Kundschaft von McDonald's richtig zermatschtes Hackfleisch vorstellt, nämlich wie ein schlecht durchgebratener Hamburger.

Gibsons Haß auf den Nazarener muß unsäglich sein, wer weiß, welche alten Repressionserfahrungen er an seinem immer blutigeren Leib ausläßt, und seien wir froh, daß die Philologie es nicht zuläßt, sonst hätte er ihm auch noch Elektroden an die Hoden anlegen und einen Einlauf mit Benzin verabreichen lassen. Nach Meinung einiger Kritiker sollte man dadurch einen heilsamen Schauder über das Geheimnis der Erlösung empfinden. Geschenkt.

Antisemitischer Film? Wenn man einen »Splatter Western« (oder eher »Eastern«) machen wollte, mußten die Rollen klar verteilt sein, Gute gegen Böse, und die Bösen mußten so böse sein, daß es böser nicht geht. Aber wenn die Hohenpriester im Tempel schon übelste Fieslinge sind, noch fieser sind in diesem Film die Römer, Typ Kater Karlo, wenn er Micky höhnisch grinsend in den Folterstuhl preßt. Sicher hatte sich Gibson gedacht, wenn er die Römer als die Bösen darstellt (was ihm ja schon Asterix vorgemacht hatte), riskierte er keinen Brand des Kapitols, während man mit den Juden heutzutage etwas vorsichtiger umgehen muß. Aber verlangen wir nicht zuviel von einem, der uns bloß ein Steak Tatar mit viel Pfeffer und Ketchup servieren will. Zwischendurch hat Gibson ein Einsehen und zeigt ein paar halbgute Juden und Römer, die von Zweifeln erfaßt werden (sie schauen ins Publikum, als wollten sie sagen: »Übertreiben wir's nicht ein bißchen?«), aber sogar ihre Ratlosigkeit verstärkt noch den Eindruck, daß alles in diesem Film unerträglich ist, und es wird einem speiübel, wenn man sieht, was aus der Seitenwunde spritzt.

Man stelle sich vor, Manzoni hätte – anstatt die Lektion der Evangelien zu befolgen und uns mit sublimer Zurückhaltung (»Die Unglückselige antwortete«) nur ahnen zu lassen, was der Nonne von Monza widerfuhr – uns die Ärmste vor Augen geführt, wie sie Striptease macht, sich zu wiederholter Fellatio hergibt, sich mit Seife a tergo nehmen läßt (Der letzte Tango in Monza) und den ruchlosen Egidio sadomasochistischen Züchtigungen unterwirft, als Venus im Pelz mit russischen Stiefeletten. Gibson kommt auf die Idee, daß Jesus gelitten haben muß, und wie Poe meinte, der melancholischste und poetischste Gegenstand sei der Tod einer schönen Frau, so erfaßt er intuitiv, daß der einträglichste Splatterfilm derjenige ist, in dem Gottes Sohn durch den Fleischwolf gedreht wird. Das ist ihm toll gelungen, und ich muß sagen, als Jesus schließlich tot ist und aufgehört hat, uns leiden (oder genießen) zu lassen und der Donner losbricht, die Erde bebt und der Vorhang im Tempel zerreißt, da überkommt einen eine gewisse Erregung, denn in diesem Moment, sei's auch nur in Form eines meteorologischen Phänomens, verspürt man einen Hauch von jener Transzendenz, die dem Film so entsetzlich fehlt. Jawohl, an diesem Punkt läßt Gottvater seine Stimme ertönen. Aber der noch nicht gänzlich verblödete Zuschauer (und der Gläubige, hoffe ich) erkennt, daß es Mel Gibson ist, über den der Zorn des Herrn hereinbricht.

(22. April 2004)

Die Rückkehr der Bildervergötzung

Vor ein paar Wochen habe ich einen Streichholzbrief geschrieben, in dem ich alles nur denkbar Schlechte über Mel Gibsons Passionsfilm gesagt habe. Gestern fragte mich einer meiner Studenten, ob ich die vielen Leserkommentare dazu auf der Internet-Seite des *Espresso* gesehen hätte, und meinte: »Vielleicht wäre es an der Zeit, die Bilderstürmer zu rehabilitieren.«

Ich sollte vielleicht kurz daran erinnern, was der Bilderstreit war, zumindest seit der byzantinische Kaiser Leon III. Isaurikos im Jahre 726 die Bilderverehrung, die im Byzantinischen Reich schon an Bildervergötzung grenzte, erstmals verboten hatte. Die Römische Kirche war in diesem Punkt nachsichtiger gewesen und hatte sich darauf geeinigt, daß man die Bilder (und gemeint waren immer die Heiligenbilder, die Ikonen) zwar verehren, aber nicht anbeten dürfe, denn Anbetung gebühre, wie es 787 auf dem Konzil von Nicäa formuliert wurde, »allein der göttlichen Natur«. In der westlichen Christenheit blieb die Frage allerdings offen und wurde in den *Libri Carolini*, die im Umkreis Karls des Großen entstanden, wiederaufgenommen. Die karolingischen Theologen störten sich daran, daß in der lateinischen Tradition der Akten von Nicäa nur der eine Begriff *adoratio* für zwei so verschiedene Dinge wie den Bilderkult und die Anbetung Gottes gebraucht wurde. Sie unterschieden dagegen zwischen spiritueller und materieller Welt und erklärten, daß ein Bild (das nur die äußerlichen, materiellen Aspekte der dargestellten Sache wiedergeben kann) keinen Zugang zur spirituellen Welt bieten könne. Mehr noch, je ähnlicher es dem Urbild sei, desto größer sei seine Falschheit, da sich die Täuschung des Betrachters dann noch vermehre. Das Bild sei zwar kein Götze, könne aber durch falschen Gebrauch einer werden. Daher sei der wahre Ausdruck des Spirituellen allein in der nichtfigurativen Sprache der Heiligen Schrift zu suchen. Die karolingischen Theologen schlossen nicht aus, daß Bilder als legitimer Anreiz zur spirituellen Meditation benutzt werden können. Man sollte ihnen nur eben nicht mehr Gewicht geben, als ihnen zukommt. Im weiteren Verlauf hielt sich das Mittelalter dann eher an einen Gedanken Gregors des Großen, nach dem »die Malerei in den Kirchen benutzt wird, damit diejenigen, die des Lesens unkundig sind, an den Wänden schauend ablesen, was sie in der Heiligen Schrift nicht lesen können«. Im Grunde meinte jedoch sowohl die eine wie die andere Position, daß man, wenn man nicht Analphabet war, sich seine Anregungen zur Meditation lieber aus der Schrift holen solle als aus Bildern oder (wie wir heute sagen würden) aus Filmen.

Nun zu den Kommentaren über Gibson und meinen Verriß seines Films. Natürlich gab es da alles mögliche: von denen, die fanden, ich liege ganz falsch, denn der Film sei wunderschön, bis zu denen, die mir zustimmten, von denen, die schrieben, ich sei ja nur neidisch auf Gibsons Bravour, bis zu denen, die meinten, der Film sei von der »jüdischen Lobby« boykottiert worden, und bis zu einem gewissen Pippo, der aus meinem Verriß folgerte, ich sei Jude (Pippo weiß es nicht: Ich bin kein Jude, und das ist nicht meine Schuld, und ich habe eine christliche Erziehung empfangen, weshalb mich diese Spekulation über die Figur Christi empört hat).

Dann fand ich einen Kommentar, der meinte, ich hätte ironisch über das Blut Christi gespottet. Nein, ironisch gespottet habe ich offenkundig nur über die aus meiner Sicht vulgäre Darstellung, die Gibson von der Passion Christi gegeben hat, aber an diesem Punkt verstand ich, warum mein Student hier vom Streit über die Verehrung oder Vergötzung der Bilder gesprochen hat. Viele der Kommentare waren nämlich gar keine Kommentare über den Film, sondern über Jesus (pro und contra, daß wir uns recht verstehen, denn im Unterschied zu früher gibt es heute gläubige und atheistische Bilderanbeter). Was nichts anderes heißt, als daß es für viele Kommentarschreiber offenbar schwierig ist, den Film von der Wirklichkeit zu trennen (oder, wie die mittelalterlichen Theologen gesagt hätten, zwischen materieller und spiritueller Realität zu unterscheiden). Der Film *ist* für sie die Heilige Schrift, und der junge Mann, der darin den Jesus spielt, *ist* Jesus. Natürlich habe ich auch den Kommentar eines Gianni gelesen, der betont: »Der Film ist bloß die Passion von Mel Gibson und nicht die Passion Christi«, aber diese klare Unterscheidung zwischen Realität (ob spiritueller oder historischer) und ihrer Darstellung war leider nicht in allen Beiträgen zu finden. Viele von ihnen sind wie der eines gewissen Franco, der schreibt: »Ich verstehe gar nicht, wieso die Leiden Christi soviel Unduldsamkeit bei Leuten hervorrufen, die keinen religiösen Glauben haben.« Meine Unduldsamkeit galt den Leiden, die Gibson den Zuschauern zufügt, nicht den Leiden Christi. Das scheint zwar evident, ist es aber, wie man sieht, nicht. Und somit verlagert sich die Reflexion von Gibsons Film zur Haltung des modernen Menschen gegenüber der medialen Welt, die nicht mehr als Darstellung (ob treu oder verzerrt) der Dinge wahrgenommen wird, sondern als die Sache selbst. Was die säkulare Form ist, in der heutzutage die Bildervergötzung auftritt.

In jedem Fall bin ich dem Leser Marcopac ewig dankbar, der mir schrieb: »Lieber Umberto, ich werde dir nie verzeihen, daß du mir verraten hast, wie der Film endet.«

(20. Mai 2004)

Tragisch inaktuell

Die Begegnungen mit den Klassikern, die seit einiger Zeit im Auditorium maximum der Universität Bologna stattfinden, versammeln Hunderte und Aberhunderte Studenten, auch sehr junge, die neugierig und begeistert Vorträgen und Lesungen aus den Texten zuhören. Vielleicht weil sie spüren, daß die Klassiker uns noch immer und immer weiter etwas zu sagen haben. Deswegen möchte ich hier einen berühmten Text von Thukydides aus der *Geschichte des Peloponnesischen Krieges* vorstellen.

Während ihres Konflikts mit Sparta wollen die Athener die mit ihren Feinden verbündete Insel Melos zerstören, obwohl sie sich neutral verhalten hatte. Sie schicken Gesandte zu den Meliern, die folgendes sagen: Wir werden euch keine langen Reden halten, um darzulegen, daß wir das Recht haben, so zu handeln, wie wir handeln, weil wir die Perser besiegt haben, oder um euch zu beweisen, daß ihr uns ein Unrecht angetan habt. Nichts von alledem. Wir sagen einfach: Entweder ihr unterwerft euch, oder wir zerstören euch.

Die Melier weigern sich, aus Stolz und aus Gerechtigkeitssinn (heute würden wir sagen: unter Berufung auf das internationale Recht), doch die Athener behaupten, Rechtsgrundsätze gälten nur zwischen gleichstarken Gegnern, und bei den übrigen »machen die Starken, was sie können, und die Schwachen fügen sich«.

Da es den Meliern nicht gelingt, sich auf Kriterien des Rechts zu berufen, antworten sie in derselben Logik wie ihre Gegner und berufen sich auf Kriterien der Nützlichkeit, indem sie die Gesandten zu überzeugen versuchen, daß Athen Gefahr liefe, sollte es im Krieg gegen Sparta unterliegen, die blutige Rache der zu Unrecht angegriffenen Städte wie Melos zu erleiden.

Darauf erwidern die Athener: »Überlaßt es uns, diese Gefahr zu laufen; wir werden euch vielmehr zeigen, daß wir hier sind, um unsere Herrschaft zu sichern und um jetzt unsere Vorschläge zur Rettung eurer Stadt zu machen, denn wir wollen euch ohne Mühe beherrschen und euch zu beiderseitigem Nutzen heil und gesund erhalten.«

Darauf die Melier: »Und wieso sollte es für uns nützlich sein, uns zu unterwerfen, und wieso ist es für euch nützlich zu herrschen?« Und die Athener: »Weil ihr dann, anstatt die äußersten Konsequenzen zu erleiden, unsere Untertanen würdet und wir einen Gewinn davon hätten, wenn wir euch nicht zerstören ...«

Die Melier sind würdevoll und dickköpfig, aber sie versuchen einen Ausweg zu finden und schlagen vor: »Und wenn wir uns verpflichten würden, uns aus dem Konflikt herauszuhalten und uns mit niemandem zu verbünden?« Darauf die Athener: »Nein, denn eure Feindschaft schadet uns nicht so sehr wie eure Freundschaft. Eure Freundschaft wäre ein Zeichen unserer Schwäche, während euer Haß unsere Stärke beweist.« Mit anderen Worten: Entschuldigt, aber es ist für uns besser, euch zu unterjochen als euch frei leben zu lassen, denn so werden wir von allen gefürchtet.

Die Melier beteuern, daß sie keineswegs glauben, der Macht Athens widerstehen zu können, aber daß sie trotz allem darauf vertrauen, nicht zu unterliegen, weil sie sich, treu den Göttern folgend, dem Unrecht widersetzen. »Den

Göttern?« antworten die Athener. »Nichts, was wir fordern oder tun, widerspricht dem Glauben der Menschen an die Gottheit... Wir sind überzeugt, daß sowohl der Mensch wie die Gottheit, wann immer sie Macht haben, diese aufgrund eines ununterdrückbaren Naturtriebs ausüben. Und nicht wir sind es, die dieses Gesetz gemacht haben, noch haben wir es als erste angewandt, als es bereits existierte. Es galt schon, als wir es geerbt haben, und es wird in Ewigkeit weitergelten. Auch ihr würdet, wie alle anderen, genauso handeln wie wir, wenn ihr dieselbe Macht hättet.«

Die Melier geben nicht nach, die Athener beginnen eine lange Belagerung, siegen schließlich, erstürmen die Stadt und, wie Thukydides schreibt, »töteten alle erwachsenen Männer, die ihnen in die Hände fielen, und machten die Frauen und Kinder zu Sklaven«.

Kurz gesagt, es gibt viele Arten, wie auch in Bologna betont wurde, eine »Rhetorik der Amtspflichtverletzung« ins Werk zu setzen, das heißt einen Machtmißbrauch zu rechtfertigen, indem man allerlei Gründe anführt, seien sie gut oder schlecht, und das beginnt mit der Fabel vom Wolf und dem Lamm, auch wenn der Wolf kein Genie der Überredung ist und, um das Lamm zu fressen, die fadenscheinigsten Vorwände vorbringt, wie den, daß das Lamm, das bachabwärts grast, ihm das Wasser trübe.

Im Lauf der Geschichte sind überzeugendere Argumentationen versucht worden, einige finden sich sogar in Hitlers *Mein Kampf* und in Mussolinis Reden. Aber was im Melierdialog von Thukydides so fasziniert, ist, daß die ganze rhetorische Gewandtheit der Athener einzig zu dem Zweck aufgeboten wird, zu demonstrieren, daß die Macht es nicht nötig hat, durch Überredung gestützt zu werden, sondern sich von selbst rechtfertigt.

Darum bleibt dies ein Text, über den es lohnt nachzudenken, und er wird immer von einer traurigen und erschütternden Modernität sein. Was uns beim Lesen der Klassiker bestürzt, ist nicht so sehr, daß sie es verstanden haben, in essentieller Weise etwas Wahres und Schreckliches zu erkennen, sondern daß wir, über zweitausend Jahre später, noch immer in unseren Fehlern verharren, ohne ihre Lektion begriffen zu haben (oder weil wir sie zu gut begriffen haben). Die Aktualität der Klassiker rührt daher, daß sie tragisch inaktuell sind.

(3. Juni 2004)

Die Freude, Primus zu sein

Wer sagt, daß man in den Ferien nur leichte Bücher lesen soll? Die Gelegenheit ist günstig, sich in den Schatten zu setzen und ein neues intellektuelles Abenteuer zu versuchen. Ich empfehle das Buch »Das Rätsel der Primzahlen« von Marcus du Sautoy, soeben bei Rizzoli erschienen.* Ich bin immer eine Null in Mathematik gewesen; während des Philosophiestudiums habe ich zwar auch versucht zu verstehen, was die Grundbegriffe und die großen Probleme der Mathematik sind, aber es ist eine Sache, zu verstehen, daß es ein Problem gibt und daß es gelöst oder nicht gelöst worden ist, und eine andere, das Wie und Warum zu begreifen. So habe ich mich diesem faszinierenden Buch genähert: Ich werde nie fähig sein, die nächste Primzahl zu finden, aber ich bin zu meiner Überraschung in metaphysische Schwindelgefühle geraten.

Primzahlen sind solche, die nur durch 1 und sich selbst geteilt werden können. Wer nun meint, keine gerade Zahl könne eine Primzahl sein, liegt schon falsch, denn 2 ist nur durch 1 und sich selbst teilbar. Sei es, daß die Zahlen irgendwo als platonische Wesenheiten existieren oder daß sie Ausscheidungen unseres Gehirns sind, ihre Reihe ist unendlich. Selbst bei der höchsten denkbaren Zahl kann auch ein Kind immer noch eine höhere entdecken, indem es eine 1 hinzufügt (erinnert sich noch jemand an das »plus

---

* Deutsch *Die Musik der Primzahlen. Auf den Spuren des größten Rätsels der Mathematik*, C. H. Beck, München 2004 (A. d. Ü.).

eins« in dem Film *Das Wunder von Mailand*?). Aber unendlich ist auch die Reihe der Primzahlen, und das hat schon Euklid gesagt, der verstanden hatte, daß sie sozusagen die Atome des Universums der Zahlen sind, denn jede andere Zahl ist aus Primzahlen zusammengesetzt (versuchen wir das zu glauben).

Solange wir bei den untersten Primzahlen bleiben (2, 3, 5, 7, 11 und so weiter), kann man die weiteren auch per Hand finden, respektive mit dem Sieb des Eratosthenes: Man nehme eine Zahlenreihe von 2 bis (sagen wir) eine Milliarde, mache sich klar, daß die Vielfachen einer gegebenen Zahl keine Primzahlen sein können, da sie durch ebenjene Zahl teilbar sind, streiche alle Vielfachen von 2, nehme die erste nichtgestrichene Zahl, also die 3, streiche alle Vielfachen von 3, nehme die 5 und so immer weiter. Was übrigbleibt, sind die Primzahlen. Das Dumme ist nur, daß man, um bis zu einer Milliarde zu gelangen, wenn man eine Zahl pro Sekunde ausspricht (und das 24 Stunden am Tag) etwa dreiunddreißig Jahre braucht, und um die Zahlen zu schreiben – und dann die Vielfachen auszustreichen – braucht man so viele Sekunden, daß man auch am Ende eines langen Lebens nur sehr wenige Primzahlen gefunden haben wird.

Aber wenn es nur das wäre. Hat man eine Primzahl einmal gefunden, muß man sich vergewissern, daß sie wirklich eine ist, und zu diesem Zweck muß man prüfen, ob sie nicht durch irgendeine verflixte andere Zahl teilbar ist. Nehmen wir die Zahl 30 031 – auf den ersten Blick würde man sagen, das ist eine Primzahl, aber wenn man's probiert, wird man feststellen, daß sie durch 59 und durch 509 teilbar ist. Was aber macht man mit der allerhöchsten Primzahl, die letzten Mai entdeckt worden ist, eine Zahl mit mehr als sieben Millionen Ziffern? Einmal abgesehen von allen Lösungen, die in den letzten zweitausendfünfhundert Jahren versucht worden sind und von denen uns du Sautoy mit hübschen Anekdoten und spannenden Theatercoups erzählt, sind heute Tausende und Abertausende Computer miteinander vernetzt (man kann sich daran beteiligen, es genügt, im Internet nach »prime numbers« zu suchen), und bei dieser gemeinsamen Arbeit hofft man, die hunderttausend Dollar zu gewinnen, die als Preis für den ausgesetzt sind, der eine Primzahl mit zehn Millionen Ziffern entdeckt.

Das Problem ist, daß man trotz aller Lösungsvorschläge noch immer nicht weiß, nach welcher Regel die Primzahlen einander folgen. Warum sind unter den letzten hundert Zahlen vor 10 000 000 neun Primzahlen und unter den nächsten hundert nach 10 000 000 bloß zwei?

An dieser Stelle höre ich auf, den Mathematiker zu spielen, und gehe zur Metaphysik über. Stellen wir uns vor, es gäbe einen Göttlichen Geist (für die Insider: Gott), der, da er unendlich ist, die unendliche Reihe der Primzahlen in einem Augenblick erfaßt (wie er das macht, entzieht sich unserem Vorstellungsvermögen). Ich wage auch (unverantwortlich) die These, daß es eine Gekrümmte Mathematik geben könnte, dank welcher, wenn man zu einer Zahl mit Phantastillionen von Phantastillionen Ziffern hoch weitere Phantastillionen gelangt ist, die nächste Zahl in sich selbst implodiert und zur Eins zusammenschnurrt (Gott, der Eine und Unendliche, wäre demnach nichts anderes als die kreisförmige Reihe der Primzahlen). Entweder also gehorcht ihre Abfolge einer Regel, die wir nicht kennen, wohl aber Gott, und dann wäre alles in Ordnung, jedenfalls für Gott. Oder die Primzahlen folgen einander wirklich per Zufall, und dann stünde Gott dem Zufall gegenüber und wäre dessen Ergebnis oder zumindest dessen nicht allmächtiges Opfer (oder Gott und das Chaos wären dasselbe). Ergo: Die Regel zu finden, um die Abfolge der Primzahlen voraussagen zu können, wäre mithin die einzige Möglichkeit, um, ich sage nicht die Existenz Gottes, aber wenigstens seine Möglichkeit zu beweisen. Nicht schlecht für eine Sommerlektüre, oder?

(12. August 2004)

Ein Mensch, der liest, gilt für zwei

In einer Umfrage der Eta Media Research war kürzlich einer zufallsgenerierten Personengruppe eine Anzahl literarischer Fragen mit jeweils vier möglichen Antworten vorgelegt worden, aus denen sie eine wählen sollten. Auf die Frage, was das Decamerone sei, antworteten nur 21 Prozent, daß es sich um ein Buch mit Novellen handelt, 14 Prozent hielten es für einen Autobustyp, 29 Prozent für eine Zehnzimmerwohnung und 36 Prozent für einen Rotwein.

Bei der Frage nach Primo Levi meinten 33 Prozent, er habe das Leben einsamer alter Menschen in Sizilien beschrieben, zum Ausgleich waren sich dann aber 28 Prozent darin einig, daß die Malavoglia eine Studentengruppe am Vorabend des Ersten Weltkriegs gewesen seien. Besonders geschätzt habe ich, daß 18 Prozent der Befragten mich als den Autor von *Der Name der Rose* anerkannten (das sind sehr viele, wenn der Test für die sechs Milliarden Bewohner des Planeten gelten würde, hätte ich annähernd eine Milliarde Fans), aber die signifikanteste Angabe war, daß 47 Prozent meinten, der Autor sei Sean Connery.

Diese Umfrageergebnisse wurden letzte Woche in Bari bekanntgegeben, zusammen mit anderen, schon bekannten, über den sehr geringen Prozentsatz von »starken Lesern« in unserem Lande (die »schwachen« sind diejenigen, die pro Jahr nur ein Buch in die Hand nehmen, das aber auch ein Kochbuch sein kann). Zum Glück wurden sie in einem Kontext diskutiert, der die schönsten Hoffnungen aufkeimen läßt: Seit einigen Jahren hat der Verleger Giuseppe Laterza die Gründung der *Presìdi del Libro nelle Puglie* (»Standorte des Buches in Apulien«) angeregt und vorangetrieben, inzwischen sind es schon 26, einer davon an der Grenze zur Basilicata, aber mittlerweile schlägt die Idee auch Wurzeln im Piemont und anderswo.

Wenngleich mit organisatorischen Unterschieden, die sich aus den verschiedenen Orten ergeben, handelt es sich bei diesen *presìdi* um Initiativgruppen, die in Zusammenarbeit mit Bibliotheken und Buchhandlungen, so vorhanden, aber auch, wo es noch gar nichts gibt, Leute versammeln, großenteils Jugendliche, um über Bücher zu reden oder Bücher vorzustellen, über das Gelesene zu diskutieren und mit Autoren über feste Themen zu sprechen. Die Initiative ist schön und tröstlich, denn sie funktioniert, aber Giuseppe und Alessandro Laterza fanden, daß der Moment gekommen sei, die vielen anderen Projekte, die in Italien wie Pilze aus dem Boden sprießen (ich übertreibe nicht), zu einem Kongreß einzuladen.

So trafen sich für zwei Tage im Kursaal von Bari rund 150 Eingeladene (aber das Publikum im Saal war weit zahlreicher), die das Beste der italienischen Verlagswelt darstellten, Buchhändler und Bibliothekare und ihre nationalen Repräsentanten, Veranstalter von Buchtagen und -wochen, die ich nicht zögere, ozeanisch zu nennen, wie das Literaturfestival in Mantua, das Philosophiefestival in Modena, den Salone del Libro in Turin, dazu die Organisatoren der großen Literaturpreise wie des Strega, des Grinzane, des Nonnino, die Literaturchefs der Zeitungen, die Sponsoren vieler Leseförderungsabenteuer wie die Compagnia di San Paolo oder die Telecom, bis hin zu den Erfindern scheinbar kleinerer, aber nicht weniger signifikanter Projekte, wie zum Beispiel die Initiative *Un libro in spiaggia* in Grado, die Bücher an den Strand bringt und sie den unterm Sonnenschirm Ruhenden zu lesen gibt.

Es fiele mir schwer, alle »Erzählungen« wiederzugeben, die ich in diesen zwei Tagen zu hören bekam, denn es waren jeweils etwa zehn Minuten lange Beiträge von mehr als fünfzig qualifizierten Zeugen, jeder mit einer anderen Geschichte, vom Bericht über die Funktionsweise einer Modellbibliothek in Pesaro bis zu dem einer Gruppe von Kinderärzten, die den Eltern beibringt, zusammen mit allem übrigen, was für das Wachstum eines Kindes essentiell ist, wie man es daran gewöhnt, schon im Vorschulalter so früh wie möglich mit Büchern umzugehen. Nicht fehlen durfte die Sendung »Fahrenheit« im Dritten Radioprogramm der RAI, die ihre Hörer dazu einlädt, Bücher, die sie besonders lieben, auf Parkbänken oder in Bussen liegenzulassen, damit andere sie finden und Lust bekommen, sie zu lesen. Die ganze Veranstaltung lief übrigens unter dem Titel *Passaparola* (»Mundpropaganda«), denn oft ist es, mehr als die Werbung oder die Rezension in der Zeitung, gerade die Mundpropaganda der Leser, die ein Buch leben und gedeihen läßt.

Herausgekommen ist dabei eine Kartographie brillanter Erfindungen, mal unterstützt von lokalen Einrichtungen, mal ganz ohne fremde Hilfe entstanden, auf freiwilliger Basis, alle (würde ich sagen) unausgesprochen im Zeichen jenes Wahlspruchs des großen Verlegers Valentino Bompiani (von dem ich nicht weiß, ob er zitiert worden ist, denn ab und zu bin ich hinausgegangen, um mir die Beine zu vertreten oder einen Kaffee zu trinken): »Ein Mensch, der liest, gilt für zwei.« Beklagt wurde die Abwesenheit von mindestens zwei Ministern, die sich mit der Literatur zu befassen hätten, natürlich gab es auch heiße

Debatten über die Billigbuchserien der Zeitungen, über die Bedrohung des Buchhandels durch die ungehemmte Praxis des Fotokopierens oder durch die Idee, Schultexte ins Internet zu stellen, und viele andere Probleme, die auf der Tagesordnung stehen und manchmal unterschiedliche Visionen, Ängste oder Hoffnungen zusammenprallen ließen.

Aber auch die Meinungsverschiedenheiten wurden, außer gesittet, stets im Blick auf bessere Lösungen ausgetragen, und es war eine Freude, so viele Personen versammelt zu sehen, von den Spitzen der großen Verlagskonzerne bis zum unbekannten, von Enthusiasmus erfüllten Erzieher aus der tiefsten Provinz, alle mit dem gemeinsamen Ziel, in Italien ein Lesepublikum heranwachsen zu lassen.

Weitab, auf einer fernen Insel, lehrten derweil andere Berühmtheiten, daß es, um für zwei zu gelten, genügt, sich zu paaren. Was biologisch stimmen würde, wenn sie es nicht nur scheinbar täten, vor Zuschauern, die keine Zeit zum Lesen haben.*

(*11. November 2004*)

---

* Anspielung auf die trashige Reality-Show *L'Isola dei Famosi* (»Die Insel der Berühmten«) des italienischen Staatsfernsehens Raidue, die 2004 mit über 10 Millionen Zuschauern eine Quote von 47 Prozent erreichte. Ähnlich wie in der Endemol-Reihe »Ich bin ein Star, holt mich hier raus!« werden zehn sogenannte Prominente bis zu acht Wochen auf eine Südseeinsel geschickt, wo ihr Leben von Kameras beobachtet wird. Die Zuschauer entscheiden jede Woche per Abstimmung (für 1 € pro IVR- oder SMS-Votum), wer auf der Insel bleiben darf und wer abreisen muß (A. d. Ü.).

Die Unermeßlichkeit der Irrelevanz

Der Titel ist *Schotts Sammelsurium*, und in gewisser Hinsicht handelt es sich um das nutzloseste Buch, das jemals geschrieben worden ist. Nicht, weil sich einige seiner Angaben bei der einen oder anderen Gelegenheit als nutzlos erweisen können, sondern weil es uns nie in den Sinn kommen wird, hier nach ihnen zu suchen.

Denn in diesem Buch hat ein gewisser Ben Schott (es ist irrelevant zu wissen, wer das ist) eine enorme Anzahl von irrelevanten Fakten gesammelt (die allerdings, wie wir sehen werden, nicht alle irrelevant sind). So führt er zum Beispiel die Namen berühmter Pferde auf, das Menü des letzten Dinners an Bord der Titanic, die Girls von James Bond, die Ehemänner von Elizabeth Taylor, die merkwürdigen Tode burmesischer Könige, die hierarchische Ordnung der Freimaurergrade, den viktorianischen Zeitplan der Familientrauer, die verschiedenen Lebensalter der Tiere, die Sitzordnung im Sinfonieorchester, die Punktwerte beim Canasta, das Schema von Dantes *Inferno*, die Namen historisch belegter Hofnarren und die der meisten Personen auf dem Cover des Beatles-Albums *Sgt. Pepper*, die zwölf Arbeiten des Herkules, einige Shakespearesche Beleidigungen, mindestens 1237 Ziffern der Zahl Pi, die Preise der Tierpatenschaften im Zoo von London usw. usf. über gut hundertfünfzig Seiten.

Hat man einmal ausgeschlossen, daß dieses Buch von Leuten benutzt werden könnte, die sich schwierige Fragen für Wissensquizsendungen ausdenken (schwer vorstellbar, daß ein Kandidat weiß, daß Aksakoff der Hofnarr der russischen Zarin Elisabeth war), bleibt als vergnügliches Spiel nur noch, sich zu überlegen, was in diesem Buch fehlt. Warum stehen da zum Beispiel die wahren Namen der vier Musketiere, nicht aber die Namen, die Dumas ihren Dienern gegeben hat (Planchet, Grimaud, Bazin und Mousqueton)? Warum fehlen die Tigerchen von Mompracem (Giro Batol, Sambigliong usw.)? Warum findet man zwar die Namen der sieben Zwerge, nicht aber die der sieben Könige von Rom? Und wie heißen die Mitarbeiter von Maigret? Und die Freunde von Mickey Mouse? Und die Personen in *Casablanca*? Na los, wer kriegt sie zusammen: Rick Blaine, Signor Ferrari, Capitaine Louis Renault, Ugarte, Ilsa Lund, Major Strasser, Annina Brandel, Yvonne. Und weiter? Wer waren die Schauspieler in *Stagecoach*? Claire Trevor, John Wayne, John Carradine, gut. Und der Doktor? Thomas Mitchell. Und der Schnapsvertreter? Donald Meek. Allerdings sind das lauter für mich höchst relevante Dinge, während das Spiel ja darin besteht, herauszufinden, welche tatsächlich irrelevanten Dinge Ben Schott vernachlässigt hat.

Nur ist es vergleichsweise leicht, einen Katalog aller relevanten Dinge aufzustellen, während es völlig umöglich ist, sämtliche irrelevanten Dinge aufzulisten. Die Kultur, jener Komplex von Ideen, Begriffen, Fakten, Erinnerungen, den wir Enzyklopädie nennen, ist die Summe aller Dinge, die eine gegebene Gesellschaft (oder die Menschheit insgesamt) im Gedächtnis zu behalten beschlossen hat. Aber sie fungiert nicht nur als Behälter. Sie agiert auch als Filter. Die Kultur kann auch wegwerfen, was uns nichts (mehr) nützt oder nicht notwendig ist. Die Geschichte der Kultur und der Zivilisation besteht aus riesigen Mengen von Informationen, die begraben worden sind. Manchmal haben wir diesen Prozeß als Verlust empfunden, und dann hat es Jahrhunderte gedauert, bis wir den abgebrochenen Gang wiederaufnehmen konnten: So wußten die Griechen fast nichts mehr von der ägyptischen Mathematik, und in gleicher Weise hatte das Mittelalter die ganze griechische Wissenschaft vergessen. In gewissem Sinne hat dies jedoch den verschiedenen Kulturen geholfen, sich zu verjüngen und wieder bei Null anzufangen, um dann schrittweise das Verlorene zurückzugewinnen. Andere Informationen sind unwiederbringlich verlorengegangen. Wir wissen nicht mehr, wozu die Statuen auf den Osterinseln dienten, und viele Tragödien, die Aristoteles in seiner *Poetik* beschreibt, sind verschollen.

Dieser Diskurs gilt nicht nur für die Kulturen, sondern auch für unser Leben. Denken wir an Borges' Figur Funes el Memorioso: ein Mann, der sich an alles erinnert, an jedes Blatt auf jedem Baum, den er einmal gesehen hat, an jedes Wort, das er im Lauf seines Lebens gehört hat, an jeden Windhauch, den er einmal verspürt, jeden Geschmack, den er gekostet, jeden Satz, den er gehört hat. Und doch (und gerade deshalb) ist er praktisch ein Idiot, blockiert durch seine Unfähigkeit, eine Auswahl zu treffen und den Rest wegzuwerfen. Unser Unbewußtes funktioniert, weil es eine Auswahl trifft und den Rest wegwirft. Kommt es dann zu einer Störung, geben wir einen Haufen Geld beim Psychoanalytiker aus, um das bißchen zurückzugewinnen, was uns nützlich war und versehentlich weggeworfen wurde. Aber der ganze Rest ist zum Glück entsorgt worden, und unsere Seele ist genau das Produkt der Kontinuität dieses selektiven Gedächtnisses.

Das World Wide Web ist Funes el Memorioso, auch wenn

es sich immer wieder erneuert und etwas wegwirft. Und doch herrscht im Netz das Grauen der Irrelevanz. Was ist nach Cäsars Tod aus Calpurnia geworden? Ich habe einige der 15 600 Webseiten durchgesehen, die ihr das Internet widmet, aber alle sprechen von ihr nur als Cäsars Gattin und nur in der Zeit vor seinem Tod, danach ist Schluß. Mithin ist das wenige, was sie danach erlebt hat, offensichtlich als irrelevant erachtet worden. Wie groß ist die Zahl der irrelevanten Dinge? Keine Enzyklopädie wird uns das jemals sagen können. Die Irrelevanz ist eine nahe Verwandte der Unendlichkeit.

(9. Dezember 2004)

Im Mare Magnum

Bekanntlich kann man Bücher im Internet kaufen, und als erstes fällt einem hier der Name Amazon ein. Die Sache ist sicher sehr nützlich für Leute, die in Gegenden wohnen, wo es keine Buchhandlungen gibt, für schwer auffindbare Studienwerke und für ausländische Bücher. Manche haben sich gefragt, ob dadurch nicht die Kundschaft der Buchhandlungen verringert wird. Das glaube ich nicht, aus denselben Gründen, aus denen man zwar (wenn man es eilig hat) alles in einem Online-Supermarkt bestellen kann, aber dabei nicht das gleiche Vergnügen hat, wie wenn man in aller Ruhe einkaufen geht.

Der Haupteinwand gegen den Kauf in Online-Buchhandlungen war bis gestern, daß man im Internet zwar den Titel, den Preis, den Umschlag und die Seitenzahl eines Buches erfahren, aber nicht darin blättern konnte. Seit kurzem hat Amazon nun versucht, auch diesem Mangel abzuhelfen. Bei vielen Büchern kann man (wenn der Verlag zustimmt) das erste Kapitel, das Inhaltsverzeichnis, den Klappentext oder die hintere Umschlagseite lesen. Das ist wirklich sehr schön, denn so kann man sich eine Vorstellung von dem Buch machen. Besonders wichtig ist das bei Sachbüchern, bei denen man durch das Inhaltsverzeichnis oder das Resümee oft ziemlich genau erfahren kann, worum es geht. Hier aber ein Gegenbeispiel, das mich direkt betrifft.

Wer meinen Roman *Baudolino* zur Hand genommen hat, dem ist vielleicht aufgefallen, daß das erste Kapitel in einer fast erfundenen Sprache geschrieben ist, eine Idee, die den Leser sowohl amüsieren als auch abschrecken kann. Blättert er aber weiter im Buch, so entdeckt er, daß der Roman ab dem zweiten Kapitel in einer normalen Sprache geschrieben ist und daß sogar ein bißchen erklärt wird, was im ersten Kapitel steht. Bei Amazon sehe ich nun, daß von der amerikanischen Ausgabe (wie bei den anderen Titeln) nur das erste Kapitel online zu haben ist. Ich fürchte, daß viele Leser dadurch abgeschreckt werden, da sie annehmen müssen, daß der ganze Roman so geschrieben ist, und fühle mich ein bißchen betrogen.

Der entscheidende Punkt ist: In einer Buchhandlung kann ich das Buch auch beschnuppern, in der Hand wiegen, mit dem Daumen darüberfahren, kurzum: es wie eine physische Person behandeln. Im Internet nicht. Andere haben ausgewählt, was ich entdecken darf und soll. Deshalb glaube ich, so paradox das klingen mag, daß durch die Lektüre der Inhaltsverzeichnisse und der ersten Kapitel, die Amazon anbietet, vielen auch die Lust kommt, in einen Buchladen zu gehen. So wie ja auch, wer ein Auto hat, deswegen nicht das Fahrrad verachtet und sehr wohl zu unterscheiden weiß, wann es gut und nützlich ist, das eine zu benutzen, und wann das andere.

Wer Bücher liebt, weiß, daß es eine der Freuden des Bibliophilen ist, an den Ständen der Bouquinisten und in Antiquariaten zu stöbern. Wird das Internet diese fröhliche, suchtartige Aktivität jemals ersetzen können? Das kommt darauf an. Bei alten Büchern, nicht nur bei kostbaren antiquarischen, sondern auch bei bloß vergriffenen oder gebrauchten, liegen die Dinge anders als bei den neuen, die, im Prinzip jedenfalls, in allen Buchläden zu haben sein müßten. Womöglich befindet sich das einzige noch erhältliche Exemplar eines bestimmten Buches in einer einzigen, weit entfernten Buchhandlung am anderen Ende der Welt. In solchen Fällen ist das Internet fundamental.

Man probiere einmal die Adresse www.maremagnum.com und begebe sich auf die Website »Mare Magnum Librorum«, die von der Mailänder Antiquariatsbuchhandlung Malavasi betrieben wird. Gegenwärtig verzeichnet sie rund 2,3 Millionen Titel aus 486 Antiquariaten in allen Ländern, was nicht wenig ist. Angenommen, man will wissen, wo und zu welchem Preis ein seltenes Buch zu haben ist, sagen wir ein Werk von Athanasius Kircher, also aus dem 17. Jahrhundert. Mare Magnum liefert (mit ausführlicher Beschreibung des Exemplars) 25 Titel von Werken Kirchers, die in der Welt zu haben sind. Es gibt noch einen anderen sehr guten weltweiten Service, der sich Bibliopoly nennt, aber ich habe ihn gerade befragt, und da hat er von Kircher nur 15 Titel genannt. Außerdem nennt mir Mare Magnum auch zwei anastatische Editionen, 15 lose Bildtafeln aus verschiedenen Büchern, 14 Bücher über Kircher und etwa dreißig Werke von Autoren aus Kirchers Umfeld. Wenn man der Beschreibung des Exemplars vertraut (tja, das ist die Grenze des Internet, die Sache selbst gibt es nicht), braucht man nur seine Kreditkartennummer einzugeben und bekommt das Buch zugeschickt.

Nun zu den gebrauchten oder vergriffenen Büchern, dem sogenannten modernen Antiquariat. Ich habe Mare Magnum gefragt, was es von Italo Calvino gibt, und habe gut hundert Titel gefunden, darunter einige Übersetzungen in andere Sprachen, außerdem sieben Nummern der Zeitschrift *Il Menabò*, zwei Bücher mit Vorworten von Calvino und etwa dreißig Bücher über ihn. Wohlgemerkt, es handelt sich nicht um eine komplette Bibliographie von und über Calvino, sondern nur um die Exemplare, meistens aus zweiter Hand, von Erstausgaben und ähnlichem, die man irgendwo auf der Welt in Antiquariaten finden kann.

Nimmt uns dieses Online-Angebot nun die Lust, zu den Ständen der Bouquinisten und in dunkle Bücherstuben zu gehen? Ich denke, das Gegenteil ist der Fall. Mare Magnum läßt uns so viele Orte entdecken, an denen man alte Bücher finden kann – vielleicht hatten wir bisher nur den Stand an der Ecke gekannt, und nach diesem Besuch im großen Meer der existierenden Bücher auch über Ritter, die es nicht gibt, kommt uns die Lust, wieder einmal hinzugehen und »die Sache selbst« zu berühren.

(13. Januar 2005)

Jemand sein

Das berühmte erste Buch von Dale Carnegie war ins Italienische zunächst unter dem Titel *L'arte di conquistar gli amici* (Die Kunst, die Freunde zu erobern) übersetzt worden und ist dann neu erschienen unter dem Titel *Come trattare gli altri e farseli amici* (Wie man die anderen behandelt und sie sich zu Freunden macht). Tatsächlich ließ der englische Titel (*How to Win Friends & Influence People**) besser erkennen, welche Ziele das Buch verfolgte und von welcher Ethik es inspiriert war. Das Problem ist nicht, Freunde zu finden, weil Freundschaft so etwas Schönes ist, sondern die anderen dazu zu bringen, uns als ihre Freunde zu betrachten, so daß wir sie beeinflussen können und den Erfolg haben (wir, nicht sie), nach dem wir legitimerweise streben.

Mit einem Wort, das wahre Thema des Buches ist nicht, wie man Freunde gewinnt, sondern wie man erfolgreich wird. Siehe zum Beispiel die Geschichte von dem Schriftsteller Hall Caine, der vortrefflich und berühmt wird, weil er es als junger Mann verstanden hat, sich die Freundschaft von Dante Gabriel Rossetti zu sichern. Wenn ihm das nicht gelungen wäre, sagt Carnegie, »hätte er arm sterben können«.

Liest man die Seiten über das Lächeln, über das Loben des Nächsten und viele andere Arten, ihn dazu zu bringen,

---

* Deutsch erschienen unter dem Titel *Wie man Freunde gewinnt. Die Kunst, beliebt und erfolgreich zu werden* (A. d. Ü.).

sich in unserer Gegenwart wohl zu fühlen, so daß er tut, was wir wollen, als ob er es selber wollte, kann man auf Schritt und Tritt Gesichter sehen, die in unserem öffentlichen und politischen Leben nicht unbekannt sind.

Um den anderen zu gefallen und sie sich zu Freunden zu machen, muß man wissen, was die Leute sich im Innersten wünschen, zum Beispiel, wofür sie gelobt werden wollen. Unter den vielen Dingen, die dieses bald sieben Jahrzehnte alte Buch lehrt, ist auch die Idee, daß der wichtigste Beweggrund des menschlichen Handelns nicht der Sex ist, sondern das Bedürfnis, sich wichtig zu fühlen. Carnegie zufolge ist der Antrieb, aus dem Dickens geschrieben und Dillinger gemordet haben, beide Male derselbe gewesen, nämlich das Bedürfnis, in die Zeitung zu kommen, auch wenn er einräumt, daß es einen Unterschied in der »Art und Weise« gibt, wie sich die beiden verwirklicht haben (aber das sind philosophische Feinheiten, und die haben nichts mit der Dynamik des Erfolgs zu tun).

Carnegie kam mir vor ein paar Tagen in den Sinn, als in der Quizsendung *L'eredità* – die ich regelmäßig verfolge, um täglich zu kontrollieren, ob sich bei mir irgendwelche Anzeichen von Dementia praecox regen – gefragt wurde, worauf die Italiener am meisten Wert legen, jedenfalls nach einer neuen Umfrage. Es stellte sich heraus (zur Schmach der Kandidaten, die auf Liebe, Geld, Familienglück und anderes getippt hatten), daß der am heftigsten angestrebte Wert die Bekanntheit ist, die dazu führt, daß man von den anderen erkannt und wiedererkannt wird.

Man beachte, daß der Wert nicht die Berühmtheit war, ein Begriff, der sich per se mit dem Vollbringen einer edlen Tat zum Wohle der Allgemeinheit verbindet. Die Testpersonen (die, wie man annehmen darf, repräsentativ für die nationale Gemeinschaft waren) wünschten sich nicht, berühmt zu sein als Entdecker der Schutzimpfung gegen Krebs, als heroische Retter ihresgleichen durch Aufopferung des eigenen Lebens, als große Dichter oder Bildhauer, Feldherren, Seefahrer, Mystiker oder Philanthropen. Es war mehr als offensichtlich, daß sie wiedererkennbar sein und folglich überall wiedererkannt werden wollten, auf der Straße, im Bus, im Supermarkt, in der Drogerie. Wie Charlie Brown ertrugen sie es nicht, nicht »populär« zu sein.

Sie wollten letztendlich genauso sein wie (das sage ich hier ganz ohne Ironie, Geringschätzung oder Abneigung) die Kandidaten der Quizsendung *L'eredità*, die zweifellos in der Hoffnung teilnehmen, eine schöne Summe zu ergattern (denn trotz aller Umfragen ist auch Geld ein räsonables Objekt der Begierde), aber am Ende akzeptieren sie auch die Niederlage mit einem strahlenden Lächeln, denn ihr Hauptziel war ja, im Fernsehen auftreten zu können, ihre Eltern und Kollegen zu grüßen, um am nächsten Tag wieder am gewohnten Arbeitsplatz zu erscheinen und beachtet, ja bewundert zu werden, weil es ihnen gelungen ist, sich aus der anonymen Masse zu erheben und »jemand zu sein«.

Nun halte ich zwar die Wertvorstellungen derer für krankhaft, die, um berühmt zu werden, den Artemistempel in Ephesus anzünden wie Herostratos, mit einer Maschinenpistole um sich schießen wie Dillinger oder ins Fernsehen gehen, um dort aller Welt zu erzählen, daß sie verlassen, gehörnt, gedemütigt und verhöhnt worden sind, aber ich will hier keineswegs über diejenigen moralisieren, die, um bekannt zu werden, an Quizsendungen teilnehmen oder auch nur im Publikum einer Fernsehdiskussion sitzen, damit wenigstens die Kollegen im Büro oder der Zeitungsmann an der Ecke ihr Gesicht in der dritten Reihe erkennen und ihnen am nächsten Tag Komplimente machen. Seien wir ehrlich: Es ist moralischer, auf diese Art nach Sichtbarkeit zu streben, als seinesgleichen zu quälen, indem man miserable Gedichte schreibt.

Das Problem ist ein anderes. Die Fernsehanstalten wissen, daß die Leute diesen Wunsch haben, und um Zuschauer zu gewinnen (was, wie Carnegie sagen würde, eine andere Art ist, sich Freunde zu machen), bieten sie ihnen Tag und Nacht auf Dutzenden von Kanälen die Möglichkeit, sich zu zeigen. Multiplizieren wir die Zahl dieser Sendungen mit der Zahl der in jeder anwesenden Personen sowie der Zahl der mit diesen Sendungen angefüllten Stunden und Tage über einen Zeitraum von mehreren Jahren, so gelangen wir zu einem schrecklichen Ergebnis: Nach einer Weile wird jeder italienische Bürger mindestens einmal ein bekanntes Gesicht geworden sein, und in einem Land mit fast sechzig Millionen bekannten Gesichtern wird jeder ein Unbekannter bleiben.

(27. Januar 2005)

Die sinnlosen Schrecken des Karnevals

Während ich dieses schreibe, geht der schreckliche Karneval seinem Ende zu. Ich bemühe mich, nicht das Haus zu verlassen, aber ich kann nicht umhin, im Fernsehen Karnevalsbilder zu sehen, von Venedig bis Viareggio. Wenn ich diese verkleideten Kinder durch die Straßen ziehen sehe, diese als barocke Dämchen aufgetakelten kleinen Mädchen mit Schönheitspflästerchen auf der Wange, diese kleinen Machos in albernen Uniformen à la Zorro mit aufgemalten Schnurrbärten aus Ruß, kriege ich Anfälle von Pädophobie und werde vom Herodeskomplex gepackt. Aber nicht weniger zärtlich sind meine Gefühle gegenüber ihren größeren Brüdern, die trist verkleidet als Uhu oder als Casanova dahertrotten, zu schweigen von den noch trostloseren Gestalten mit zerbeulten Pappzylindern und Überröcken aus Sackleinwand.

Ich hasse den Karneval aus Gründen, die wahrscheinlich einen Psychiater interessieren könnten: Mir ist jede Form von Maskierung und Bemalung des menschlichen Körpers zuwider, ich meine nicht nur platingefärbte Blondinen, sondern auch gutbürgerliche Herren in Zweireihern, die sich die Haare färben, und Damen, die sich auffällig schminken – zu schweigen von mit Ringen und Perlchen gepiercten oder mit Tattoos gedemütigten Körpern, die mich zu einer vorsichtigen Wiederaufwertung Lombrosos drängen. Und man komme mir nicht mit dem dummen Einwand, daß ich einen Bart trage, denn der gehört zum Körper wie die Kopfhaare und die Brüste, ja man kann eher sagen, wenn es wirklich etwas Anomales gibt, dann die Bartlosen – und daß sie in der Mehrheit sind, beweist nicht, daß sie recht haben.

Aber es gibt noch andere und tiefere Gründe, aus denen der Karneval, zumindest heute, etwas Suspektes hat. Welche Funktion er in früheren Jahrhunderten hatte, wissen wir. Die einschlägige Literatur ist reichhaltig und hat alles gesagt, was es darüber zu sagen gibt. Bedenken wir nur – um uns nicht mit analogen Erscheinungen in der Antike zu beschäftigen –, wie der Karneval in der christlichen Welt des Mittelalters entstanden ist. Um ihn zu verstehen, dürfen wir uns nicht auf den Standpunkt der Adligen und Mächtigen stellen, sondern müssen den der armen Leute einnehmen. Sie hatten wenig zu essen, standen im Morgengrauen auf, arbeiteten den ganzen Tag und gingen bei Sonnenuntergang schlafen, sie waren schlecht gekleidet und hatten keine Zeit, sich zu vergnügen. Ihr einziges Vergnügen war der Sex, aber der war ihnen (wenn sie gute Christen sein wollten) nur etwa für die Hälfte der Tage eines Jahres gestattet (für die Fastenzeit und die vielen anderen Festtage wurde ihnen davon abgeraten). Die einzige Zerstreuung war, sonntags in die Kirche zu gehen, um eine schön gesungene Messe zu hören, aber das ging nur, wenn man in der Nähe einer Kathedrale oder einer Abteikirche wohnte, denn Dorfkirchen konnten sich das nicht leisten.

Unterderhand machten die Leute natürlich allerlei, aber offiziell hatte man sich um den Körper herzlich wenig zu kümmern. Gerade ist dazu bei Laterza ein schönes Buch von Jacques Le Goff in Zusammenarbeit mit Nicolas Truong erschienen: »Eine Geschichte des Körpers im Mittelalter«.* Natürlich ist die Darstellung reich an Nuancen und schildert auch viele entgegengesetzte Situationen, aber im ganzen steht fest, daß man zu jener Zeit dem Körper nur sehr wenig Pflege angedeihen ließ und viele Mystiker und Theologen ihn nicht mit Wohlwollen sahen.

Nun, und um die Mitte eines Jahres, das mit der ersten herbstlichen Kühle begann und mit den Hundstagen im August endete, wurde allen der Karneval angeboten, eine Insel der Freiheit und Freizügigkeit, auf der man sich alles erlauben durfte und sich vor allem vergnügen konnte und sollte, vergnügen ohne zu arbeiten, vergnügen aus reiner Lust am Vergnügen, ohne an die Mühseligkeiten eines freudlosen Lebens zu denken. Ein unentbehrliches Sicherheitsventil, gesegnet und willkommen. Danach war wieder Schluß, von neuem Trübsal und Langeweile für ein ganzes weiteres Jahr. Der Karneval war eine unverzichtbare gesellschaftliche Institution.

Aber heute? Heute, wo man vielerorts von einer Karnevalisierung des Lebens spricht? Heute, wo auch die ärmeren Bürger (ausgenommen die Ärmsten, die auf Parkbänken schlafen) fast vierundzwanzig Stunden täglich Karneval im Fernsehen vorgesetzt kriegen und sich mit Spiel, Tanz und Maskerade vom Abend bis zum Morgengrauen vergnügen können? Wo an den Mauern der Häuser und an jedem Zeitungskiosk Bilder von wunderschönen Frauen und Männern zum Vergnügen einladen, zum Luxus und natürlich zu einer höchst raffinierten Entstellung des Körpers? Im alten Karneval, wie in den römischen Saturnalien und bei den Triumphzügen, konnte man sich einmal im Jahr erlauben, die Mächtigen zu verspotten,

---

* Deutsch in Vorbereitung bei Klett-Cotta (A. d. Ü.).

heute karnevalisieren sie sich von selber in zirzensischen TV-Shows, in denen sie einander Ohrfeigen geben wie lauter dumme Auguste und Manegenclowns.

Welchen Sinn hat es, den Karneval in einer Welt zu feiern, in der uns der Karneval an dreihundertfünfundsechzig Tagen im Jahr vorgesetzt wird? Ja, wenn sich die Leute im Karneval wirklich gegen die Macht empören würden, wenn sie die Herrschaftsverhältnisse umkehren und jeder sich seine Revanchen nähme. Aber nein, jeder latscht trübselig durch glitschige Straßen voller feuchtem Konfetti und kauft sich Süßigkeiten an Ständen, die er das ganze Jahr über – und mit größeren hygienischen Garantien – im Supermarkt finden kann. Bleibt nur, auf die nächste Fastenzeit zu hoffen. Aber keine Angst, sie erwartet uns hinter der nächsten Ecke.

(10. Februar 2005)

Reise zum Mittelpunkt von Jules Verne

Als wir Kinder waren, teilten wir uns in zwei Parteien: die einen hielten es mit Emilio Salgari (der nördlich der Alpen auch »italienischer Karl May« genannt wird) und die anderen mit Jules Verne. Ich gestehe gleich, daß ich es damals mit Salgari hielt und die Geschichte mich jetzt zwingt, meine einstigen Ansichten zu revidieren. Salgari, heute wiedergelesen, aus dem Gedächtnis zitiert, geliebt von allen, die in ihrer Kindheit mit ihm gelebt haben, hat für die neuen Generationen (wie es scheint) keinen Reiz mehr – und um die Wahrheit zu sagen, auch die alten, wenn sie ihn wiederlesen, begegnen ihm entweder mit einer Prise Nostalgie und Ironie, oder die Lektüre fällt ihnen schwer, und seine allzu vielen Mangroven und Hirscheber langweilen heute nur noch.

Dagegen feiern wir dieses Jahr den hundertsten Todestag von Jules Verne, und nicht nur in Frankreich erkunden ihn Zeitungen, Wochenzeitschriften, Kongresse neu und versuchen zu zeigen, wie oft seine Phantasien die Realität vorweggenommen haben. Ein Blick in die Verlagsprogramme unseres Landes läßt mich vermuten, daß Verne in Italien häufiger wiederaufgelegt wird als Salgari, zu schweigen von Frankreich, wo es sogar ein Verne-Antiquariat gibt, sicherlich wegen der großen Schönheit der kartonierten alten Bände von Hetzel (in Paris gibt es allein auf dem linken Ufer mindestens zwei Läden, die exklusiv diese in prächtiges Rot eingebundenen und mit Goldschnitt versehenen Bände führen, zu prohibitiven Preisen, versteht sich).

So viele Verdienste man unserem guten Salgari auch zusprechen muß, der Vater von Sandokan hatte nicht viel Sinn für Humor (wie ja auch seine Figuren nicht, außer Yanez), während Vernes Romane voll davon sind, man denke nur an jene glänzenden Seiten in *Michel Strogoff* (alias *Der Kurier des Zaren*), wo nach der Schlacht von Kolyvan der *Daily Telegraph*-Korrespondent Harry Blount, um seinen Konkurrenten Alcide Jolivet daran zu hindern, seinen Bericht nach Paris abzusetzen, das Telegraphenbüro besetzt hält und Bibelverse für ein paar Tausend Rubel diktiert, bis es Jolivet gelingt, den Telegraphenschalter zu erobern, und er seinerseits den Kollegen blockiert, indem er Liedchen von Béranger nach Paris telegraphiert. Im Text heißt es an der Stelle: »*Aoh!* – machte Harry Blount. – *C'est comme ça*, erwiderte Alcide Jolivet.« Sage jemand, das sei nicht Stil!

Ein weiterer Faszinationsgrund bei Verne ist, daß viele andere Zukunftsromane, wenn man sie aus zeitlicher Distanz liest, nachdem das, was sie antizipiert haben, bereits in gewisser Weise eingetreten ist, immer ein bißchen enttäuschend klingen, weil die wirklich geschehenen Dinge und die wirklich realisierten Erfindungen viel verblüffender sind als das, was sich der Autor einst vorgestellt hatte. Nicht so bei Verne, kein Atom-U-Boot wird jemals technisch verblüffender sein als die *Nautilus*, kein Zeppelin oder Jumbo-Jet wird je die Faszination des majestätischen Propellerluftschiffs von Robur dem Eroberer haben.

Ein drittes Element seiner Attraktion (und hier verteilt sich das Verdienst zu gleichen Teilen auf den Autor und den Verleger) sind die Illustrationen, die seine Romane begleiten. Wir devoten Salgarianer erinnern uns immer mit Rührung an die wunderbaren Tafeln von Della Valle, Gamba oder Amato, aber es handelte sich bei ihnen stets um Gemälde, sozusagen um Hayez oder (um mich zu ruinieren) um Raffael in Schwarzweiß. Die Kupferstiche bei Verne sind viel geheimnisvoller und hinterlistiger, man möchte sie unwillkürlich mit der Lupe betrachten.

Kapitän Nemo, wie er aus dem großen Bullauge der *Nautilus* den Riesenpolypen sieht, das Luftschiff von Robur, strotzend von Antennen und Fühlern, der Ballon, der auf die Geheimnisvolle Insel zustürzt (*Steigen wir? – Nein, im Gegenteil, wir sinken! – Schlimmer noch, Monsieur Ciro, wir stürzen!*), das riesige Projektil, das auf den Mond gerichtet ist, die Höhle im Mittelpunkt der Erde, all das sind Bilder, die stets aus einem dunklen Hintergrund auftauchen, gezeichnet mit feinen schwarzen Linien zwischen weißen Flecken, ein Universum ohne gleichmäßig grundierte Farbzonen, eine Vision aus Schraffuren und Streifen und blendenden Reflexen (deren Blendkraft daher rührt, daß sie weiß gelassen sind), eine Welt, gesehen von Tieren mit einer ganz eigenen Netzhaut, vielleicht sehen Rinder und Hunde so, oder die Eidechsen, eine Welt, die nachts durch die schmalen Spalten einer Jalousie beobachtet wird, ein immer ein bißchen nächtliches und fast unterseeisches Territorium, auch unter freiem Himmel, bestehend aus Einstichen und Abschabungen, die Licht nur dort erzeugen, wo der Stichel des Graveurs die Fläche unberührt gelassen hat.

Und wenn man nicht soviel Geld hat, daß man sich die teuren Hetzel-Ausgaben im Antiquariat kaufen kann, und die heutigen Nachdrucke nicht überzeugen? Dann kann man im Internet zu der Adresse http://jv.gilead.org.il/ gehen. Dort hat ein Herr namens Zvi Har' El alle Nachrichten über Jules Verne versammelt, die Liste der weltweit stattfindenden Feiern zum hundertsten Todestag, eine komplette Bibliographie, eine Sammlung von Aufsätzen über Verne, 304 unglaubliche Bilder von unserem Helden gewidmeten Briefmarken in verschiedenen Ländern, die Übersetzungen ins Hebräische (dieser Herr Zvi ist ohne Zweifel ein Israeli, und er hat die Website in bewegender Weise seinem mit neunzehn Jahren gestorbenen Sohn gewidmet), vor allem aber eine »Virtual Library«, in der man die integralen Texte von Verne in verschiedenen Sprachen findet und zumindest bei den französischen Originalausgaben auch sämtliche Stiche, die man sich herunterladen und nach Belieben vergrößern kann, denn manchmal sind sie grobkörnig noch faszinierender.

(7. April 2005)

Der rechte Winkel

Einem ehrwürdigen alten Glauben zufolge erkennt man die Dinge durch ihre Definition. In manchen Fällen stimmt das auch, etwa bei den chemischen Formeln, denn zweifellos hilft die Angabe, daß etwas *NaCl* ist, dem, der etwas von Chemie versteht, zu begreifen, daß es sich um eine Zusammensetzung von Natrium und Chlor handelt und vermutlich – auch wenn die Definition das nicht ausdrücklich sagt – um Salz. Aber all das, was wir über das Salz wissen müßten (daß es zum Konservieren und Würzen von Speisen dient, daß es den Blutdruck hebt, daß es aus dem Meer oder aus Salinen gewonnen wird und sogar, daß es in alten Zeiten teurer und kostbarer war als heute), sagt uns die chemische Definition nicht. Um all das zu erfahren, was wir über das Salz wissen, beziehungsweise was uns davon nützlich ist (unter Vernachlässigung wer weiß welcher Details), brauchen wir nicht so sehr Definitionen, sondern Geschichten. Geschichten, die sich für den, der wirklich alles über das Salz wissen will, zu wunderbaren Abenteuerromanen auswachsen können, mit Karawanen, die auf den Salzstraßen durch die Wüste ziehen, vom Reich Mali bis zum Meer, oder Erzählungen von Medizinmännern, die mit Wasser und Salz die Wunden auswaschen. Mit anderen Worten, unser Wissen (auch das wissenschaftliche, nicht nur das mythische) ist von Geschichten durchwoben.

Kinder haben zwei Arten, die Welt kennenzulernen: eine ist das Lernen durch Vorzeigen, wenn das Kleine fragt, was ein Hund ist, und die Mutter ihm einen zeigt (wobei es ein Wunder ist, daß, wenn dem Kind zum Beispiel ein Dackel gezeigt worden ist, es am nächsten Tag auch eine Dogge als Hund definieren kann – und womöglich übertreibt es per Addition und rechnet das erste Schaf, das ihm vor die Augen kommt, zu den Hunden, aber schwerlich per Subtraktion, indem es einen Hund nicht als Hund erkennt).

Die zweite Art ist nicht eine Definition, vom Typus »Ein Hund ist ein Säugetier der Plazentalier, Karnivore, Paarzeher und Canide« (man stelle sich vor, was ein Kind mit solch einer Definition anfangen soll, mag sie auch taxonomisch korrekt sein), sondern müßte irgendwie eine Geschichte sein, etwa: »Erinnerst du dich an den Tag, als wir in Großmutters Garten gegangen sind? Da war ein Tier, das soundso aussah.«

In Wirklichkeit fragt ein Kind nicht, was ein Hund oder ein Baum ist. Gewöhnlich sieht es zuerst einen, und dann erklärt ihm jemand, daß man ihn soundso nennt. Aber an diesem Punkt stellt es die berühmte Frage: »Warum?« Zu begreifen, daß sowohl eine Buche als auch eine Eiche beides Bäume sind, ist kein Drama, aber die wahre Wißbegier regt sich, wenn man wissen will, warum sie da sind, woher sie kommen, wie sie wachsen, wozu sie dienen, warum sie ihre Blätter verlieren. Und hier kommen die Geschichten ins Spiel. Wissen verbreitet sich durch Geschichten: Ein Samenkorn wird in die Erde getan, dann keimt es, und so weiter.

Auch das, was die Kinder wirklich wissen wollen, nämlich woher die Kinder kommen, kann ihnen nicht anders als in Form einer Geschichte gesagt werden, sei's die Geschichte vom Kohlkopf oder vom Storch, sei's die vom Papa, der einen Samen in Mama getan hat.

Ich gehöre zu denen, die der Ansicht sind, daß auch das wissenschaftliche Wissen die Form von Geschichten annehmen muß, und ich zitiere meinen Studenten immer eine schöne Seite von Peirce, auf der, um zu definieren, was Lithium ist, in zwanzig Zeilen beschrieben wird, was man alles im Laboratorium machen muß, um Lithium zu gewinnen. Ich finde das eine sehr poetische Seite, ich hatte noch nie zuvor gesehen, wie Lithium gewonnen wird, und dann habe ich eines Tages diesem schönen Experiment beigewohnt, als wäre ich in der Höhle eines Alchimisten – aber es war richtige Chemie.

Vorgestern hat nun mein Freund Franco Lo Piparo in einer Vorlesung über Aristoteles meine Aufmerksamkeit auf den Umstand gelenkt, daß Euklid, der Vater der Geometrie, einen rechten Winkel keineswegs als einen Winkel mit 90 Grad definiert. Das ist zwar sicherlich eine korrekte Definition, aber sie ist nutzlos für jemanden, der nicht weiß, was ein Winkel ist und was Grade sind – und ich hoffe sehr, daß keine Mutter ihr Kind ruiniert, indem sie ihm sagt, daß ein Winkel dann ein rechter ist, wenn er 90 Grad hat.

Euklid hat es so ausgedrückt: »Wenn eine Gerade, die aufrecht auf einer Geraden steht, die beiden angrenzenden Winkel gleich groß macht, dann ist jeder der beiden Winkel ein rechter, und die aufrechte Gerade ist senkrecht zu der, auf welcher sie steht.« Kapiert? Du willst wissen, was ein rechter Winkel ist? Ich sage dir, wie man ihn macht beziehungsweise, was du tun mußt, um ihn zu erzeugen. Danach wirst du ihn verstanden haben. Die Sache mit den Winkelgraden kannst du auch später noch lernen, jedenfalls erst, nachdem du diese wunderbare Begegnung zweier Geraden bewerkstelligt hast.

Dieses Vorgehen scheint mir sehr instruktiv und sehr poetisch, es bringt das Universum der Phantasie, in dem man sich Welten vorstellt, um Geschichten zu erfinden, näher zum Universum der Wirklichkeit, in dem man Geschichten erfindet, um die Welt zu begreifen.

(Warum ich das alles hier erzählt habe? Ganz einfach: weil ich im allerersten Streichholzbrief 1985 geschrieben hatte, daß ich über alles sprechen würde, was mir gerade durch den Kopf geht, und dies ist mir eben heute durch den Kopf gegangen.)

(21. April 2005)

Ricœur zuerst und zuletzt

Wenn dieser Streichholzbrief erscheint, wird es zwei Wochen her sein, daß Paul Ricœur gestorben ist, und die Bedeutung seines Denkens wird in vielen Zeitungsartikeln auf der ganzen Welt gewürdigt worden sein. Daher hätte es keinen Sinn, mich auf dem schmalen Raum eines Streichholzbriefes nochmals darüber auszulassen. Aber ich möchte hier, außerhalb der Regeln, einmal nur von dem frühesten und dem letzten Ricœur sprechen.

Es war zu Anfang der fünfziger Jahre, wir lasen begeistert *Esprit*, die Zeitschrift von Emmanuel Mounier, und am meisten faszinierte mich die Abteilung »Journal à plusiers voix«. Sie enthielt kurze Texte, manchmal Anmerkungen über Sitten und Bräuche, manchmal politische Stellungnahmen oder philosophische Reflexionen. Ich glaube, ich habe aus diesen »engagierten« Kurzbeiträgen mehr gelernt als aus vielen anderen Aufsätzen, und einer der Autoren, der mir besonders auffiel, war Paul Ricœur. Es beeindruckte mich, daß in dieser Zeitschrift linkskatholischer Personalisten (die auf eine sehr persönliche Weise links waren) ein Protestant mitarbeitete. Aber das zeigt uns, welche geistige Offenheit den *Esprit* beseelte, und in jedem Fall erlaubt es mir, mich an den kaum mehr als dreißigjährigen Ricœur zu erinnern, der keineswegs in seine philosophischen Probleme vergraben war, sondern sich engagiert in Debatten über die Praxis einmischte.

Man kennt hauptsächlich den Ricœur der großen Werke, den Meisterdenker der Hermeneutik, aber in den letzten Jahren seines Lebens gab es erneut einen engagierten Ricœur, der sich, obwohl von schrecklichen familiären Unglücksfällen geschlagen, in erster Linie mit den großen Problemen unserer Zeit beschäftigte. Ich spreche von dem Jahrzehnt, das ihn als Mitglied der Académie Universelle des Cultures erlebt hat, deren Charta als ihre Aufgaben definiert: »Unterstützung all dessen, was zum Kampf gegen Intoleranz, Xenophobie, Diskriminierung der Frauen, Rassismus und Antisemitismus beitragen kann; Ermutigung des Kampfes gegen das Elend und die Ignoranz sowie die bewußte Herabsetzung bestimmter Lebensformen.«

In den zwölf Jahren ihres Bestehens hat die Académie eine Reihe von jährlichen »Foren« veranstaltet, in denen Probleme wie das Interventionsrecht, die Migrationen, der Frieden, das Erinnern und das Vergessen, die Anteilnahme und die Intoleranz diskutiert wurden, und Ricœur war immer dabeigewesen, fast jedesmal mit dem Eröffnungsvortrag und in allen Debatten, zu denen jedesmal mehrere tausend Studenten aus ganz Frankreich gekommen waren.

In diesen Tagen, da man besorgt über den modernen Relativismus spricht*, habe ich erneut den Beitrag des Christen Ricœur über die Toleranz gelesen. Er behandelt einige Stadien einer Bewußtseinsbildung. Im ersten toleriert man das, was man mißbilligt, kann es aber nicht verhindern (wie es am Ende der Religionskriege und in den Beziehungen zwischen Christentum und Islam im Osmanischen Reich geschah). Im zweiten Stadium versucht man, die Überzeugungen der anderen zu verstehen, auch wenn man

---

* Anspielung auf die letzte Predigt von Kardinal Ratzinger vor seiner Wahl zum Papst (A. d. Ü.).

sich ihnen nicht anschließt, und dies war die »timide« Haltung einiger Intellektueller vom Mittelalter bis zur Renaissance sowie einiger ökumenischer Denker. Das dritte Stadium ist die Anerkennung des »Rechts auf Irrtum«, also der Idee, daß jeder das Recht hat, nach seinen Überzeugungen zu leben, ein Stadium, das Ricœur mit der schottischen und englischen Aufklärung verbunden sah. Und schließlich erreicht man das Stadium, das für einen Gläubigen wie Ricœur das dramatischste war, nämlich wenn der Begriff der Wahrheit in die Krise gerät und »die Sympathie für Ideen, die man nicht teilt, dem Verdacht weicht, daß ein Teil der Wahrheit anderswo liegen könnte, jenseits der Überzeugungen, die den Traditionen zugrunde liegen, in denen man erzogen worden ist«.

Ricœur sah dieses Stadium mit der *Encyclopédie* der französischen Aufklärung gekommen, die bereits einen »öffentlichen Diskussionsraum« voraussetzte und folglich eine neutrale politische Macht mit der Fähigkeit, alle religiösen Kulte im Namen der Meinungs- und Redefreiheit zu schützen. Doch es ist evident, daß Ricœur auch von unserer Zeit und von seinem persönlichen Problem sprach, dem Problem dessen, der für die Toleranz eintritt, aber gegen die Gleichgültigkeit. Eine Position, die eine »schmerzliche Lage« impliziert, nämlich die Lage dessen, der, da er ein eigenes Wertesystem hat, auf das er nicht verzichten will, die Wertesysteme der anderen ständig neu befragen muß, wozu es einer Art »intellektueller Askese« bedarf. Einer schmerzlichen Askese, die sich nur durch eine »Ethik der Diskussion« auflösen läßt.

An diese Ethik glaubte er. Als Beweis, daß sie zu etwas führen kann, möchte ich eine Tatsache nennen, die ich genau zwei Tage vor seinem Tod erfahren habe. Bekanntlich werden die sogenannten »Protokolle der Weisen von Zion«, obwohl sie seit fast einem Jahrhundert als Fälschung entlarvt sind, noch heute in vielen muslimischen Websites angeführt. Erst kürzlich ist in Syrien eine »aktualisierte« Fassung veröffentlicht worden. Aber nun hat Reuters am 18. Mai gemeldet, die palästinensische Behörde habe beschlossen, die arabische Version der Protokolle aus der offiziellen Website des palästinensischen Informationsministeriums zu entfernen. Das mag nicht eben viel sein, aber es zeigt, daß eine Ethik der Diskussion noch möglich ist.

(2. Juni 2005)

Unsere tägliche Horrormeldung
gib uns heute

Ich denke, wenn der Hurrikan, der New Orleans verwüstet hat, nicht ein entwaldetes, ausgelaugtes, eingeebnetes, plattgewalztes und betoniertes Land vorgefunden hätte, wären seine Auswirkungen weniger unheilvoll gewesen. Darüber sind sich, glaube ich, alle einig. Die Debatte beginnt bei der Frage, ob ein Wirbelsturm hier und ein Tsunami da auf die Erwärmung der Erde zurückzuführen sind. Ich stelle gleich klar, daß ich, obwohl nicht im Besitz der einschlägigen naturwissenschaftlichen Kenntnisse, überzeugt bin, daß die Veränderung vieler Umweltbedingungen Phänomene provoziert, zu denen es nicht gekommen wäre, wenn uns das Schicksal des Planeten mehr am Herzen gelegen hätte, und darum bin ich für das Protokoll von Kyoto. Aber ich denke auch, daß es Tornados, Zyklone und Taifune immer gegeben hat, andernfalls hätten wir nicht schöne Seiten von Joseph Conrad oder berühmte Filme, die solchen Katastrophen gewidmet sind.

Daher wage ich die These, daß es in den vergangenen Jahrhunderten furchtbare Kataklysmen gegeben hat, die Zigtausende Personen getötet haben, und vielleicht sind sie im gleichen (sehr kurzen) Zeitabstand erfolgt wie der asiatische Tsunami und der amerikanische Wirbelsturm. Von manchen haben wir reden gehört, über einige ist sogar eine Literatur entstanden, wie über den Untergang von Pompeji oder das Erdbeben von Lissabon, über andere gibt es ungenaue und schreckenerregende Nachrichten, wie über den Ausbruch des Krakatau, aber insgesamt halte ich es für erlaubt anzunehmen, daß Dutzende und Hunderte weiterer Katastrophen ferne Küsten und Völker geschlagen haben, während wir uns mit ganz anderen Dingen beschäftigten. In der globalisierten Welt von heute dagegen führt die Schnelligkeit der Information dazu, daß wir fast im selben Moment von jedem tragischen Ereignis erfahren, das irgendwo noch im entferntesten Winkel der Welt geschehen ist, so daß wir den Eindruck haben, in unserer Zeit gebe es mehr Katastrophen als in früheren.

Zum Beispiel glaube ich, daß ein durchschnittlicher Fernsehzuschauer sich fragt, durch welchen mysteriösen Virus es plötzlich so viele Mütter gibt, die ihre Kinder umbringen. Und hier ist es schwierig, die Schuld dem Ozonloch zu geben. Es muß etwas anderes dahinterstecken. Tatsächlich steckt da auch etwas, aber nicht dahinter, sondern es liegt offen zutage, beziehungsweise es ist weder geheim noch verborgen. Nämlich schlicht und einfach die Tatsache, daß es Kindertötung schon immer gegeben hat, im Lauf der Jahrhunderte ist sie oft praktiziert worden, schon die alten Griechen sind ins Theater gegangen, über über Medea zu weinen, die bekanntlich ihre Kinder umgebracht hat, vor Jahrtausenden schon und bloß, um ihren Gatten zu ärgern. Dennoch, und dies mag uns ein Trost sein, sind unter den sechs Milliarden Bewohnern des Planeten die kindesmörderischen Mütter stets eine verschwindende Minderheit gewesen, eine Prozentzahl mit vielen Nullen hinter dem Komma, und darum sollten wir versuchen, nicht alle Damen mit Argwohn zu betrachten, die mit einem Laufstuhl an uns vorbeigehen.

Gleichwohl hat, wer unsere Fernsehnachrichten verfolgt, den Eindruck, daß wir in einem Höllenkreis leben, in dem nicht nur die Mütter ein Kind pro Tag ermorden, sondern die Vierzehnjährigen um sich schießen, die sogenannten *extracomunitari** vergewaltigen, die kalabrischen Hirten Ohren abschneiden, die Väter mit Gewehrsalven ganze Familien niedermähen, die Sadisten Chlorbleiche in Mineralwasserflaschen injizieren, die Neffen ihre Onkel und Tanten zerstückeln. Natürlich ist all das wahr, denn es kommt wirklich vor, aber es ist statistisch gesehen normal, und natürlich erinnert sich niemand mehr an die glücklichen friedlichen Nachkriegsjahre, als Leonarda Cianciulli ihre Wohnungsnachbarn zu Seife verarbeitete, Rina Fort die Kinder ihres Geliebten mit einem Hammer erschlug und die Contessa Bellentani VIP-Diners mit Revolverschüssen aufmischte.

Allerdings, wenn es »quasi« normal ist, daß ab und zu eine Mutter ihr Kind umbringt, ist es nicht so normal, daß jeden Tag viele Amerikaner und Iraker in die Luft fliegen. Und doch erfahren wir über die getöteten Kinder alles, aber nur sehr wenig über die Zahl der toten Erwachsenen. Das liegt daran, daß die seriösen Zeitungen zuerst einige Seiten den Problemen der Politik, der Wirtschaft und der Kultur widmen, andere den Börsenkursen, den ökonomischen Anzeigen und jenen Todesanzeigen, die unsere Großeltern so gerne lasen, und dann, außer bei wirklich enormen Verbrechen, die Kriminal- und Unglücksfälle nur auf ein paar hinteren Seiten bringen. Früher brachten sie diese Sachen sogar noch knapper als heute, so daß blutdurstige Leser sich darauf spezialisierte Publikationen wie

---

* Wörtlich »Nicht zur (Europäischen) Gemeinschaft Gehörige«: geläufiger Ausdruck für die (meist illegal) zugewanderten Afrikaner (A. d. Ü.).

Crimen kaufen mußten, und in gleicher Weise überließen sie, erinnern wir uns, den ganzen TV-Klatsch & Tratsch illustrierten Blättern, die man beim Friseur las.

Heute dagegen bringen unsere Fernsehnachrichten nach den gebotenen Meldungen über Kriege, Massaker, Terroranschläge und ähnliches, nach einigen vorsichtigen Indiskretionen über die aktuelle Politik, aber ohne die Zuschauer allzusehr zu erschrecken, die lange Reihe von Verbrechen, Mutter-, Schwester-, Gatten-, Bruder-, Vater-, Kindermorde, Einbrüche, Plünderungen, Vergewaltigungen, Schießereien, und – um dem Zuschauer auch ja nichts vorzuenthalten – jeden Tag bekommt man den Eindruck, daß sich die Schleusen des Himmels über unseren Landstrichen aufgetan haben und es regnet, wie es noch niemals seit Menschengedenken geregnet hat, so daß die Sintflut damit verglichen ein kleiner Wasserrohrbruch war.

Und hier steckt nun wirklich etwas dahinter beziehungsweise darüber. Nämlich daß die Direktoren unserer Tele-Niagara, um sich nicht mit gefährlichen Meldungen aus Politik und Wirtschaft zu kompromittieren, die *Crimen*-Wahl getroffen haben. Eine schöne Sequenz abgeschnittener Köpfe hält die Leute bei Laune und läßt sie nicht auf falsche Ideen kommen.

(29. September 2005)

Mit Verlaub gesagt

Anfang 1991 hatte ich in einem Streichholzbrief zum damaligen Golfkrieg das sogenannte »freundliche Feuer« mit den Worten erklärt, es sei »die Bombe, die ein Scheißkerl, der die gleiche Uniform wie du trägt, aus Versehen über dir abwirft«. Vielleicht sind heute, nach dem Tod von Calipari*, die Leser sensibler dafür geworden, daß man an freundlichem Feuer sterben kann; aber damals reagierten viele nicht auf die Unmoral des freundlichen Feuers, sondern auf die Unmoral des von mir verwendeten Wortes *stronzo* (»Scheißkerl«). Es gab zahlreiche Leserbriefe und, wenn ich mich recht erinnere, auch kritische Artikel in anderen Zeitungen, so daß ich mich gezwungen sah, in einem weiteren Streichholzbrief daran zu erinnern, wie oft berühmte Autoren unserer Literatur solche Wörter verwendet haben. In fünfzehn Jahren ändern sich die Sitten, und heute kann der Verlag Rizzoli sich erlauben, ein Buch mit dem Titel *Stronzate* von Harry G. Frankfurt herauszubringen (sechs Euro, und man liest es in einer Stunde).**
Der Autor ist emeritierter Professor für Philosophie in

---

* Zur Erinnerung: Der italienische Geheimdienstagent Nicola Calipari, der die Journalistin Giuliana Sgrena aus der Geiselhaft im Irak befreit hatte, war am 4. März 2005 auf der Fahrt zum Bagdader Flughafen von amerikanischen Wachsoldaten erschossen worden (A. d. Ü.).

** Deutsch *Bullshit*, aus dem Amerikanischen von Michael Bischoff, Suhrkamp 2006; die folgenden Zitate sind – in dieser Reihenfolge – den Seiten 14, 62, 30 und 60 entnommen (A. d. Ü.).

Princeton, und italienisch *stronzate* (»Scheißdreck«) gibt funktional korrekt den englischen Titel *Bullshit* wieder, der als Substantiv, manchmal auch verbal gebraucht, in wörtlicher Übersetzung »Bullenscheiße« bedeutet, aber in den gleichen Situationen Verwendung findet, in denen man auf italienisch *stronzata* oder im Plural *stronzate* sagen würde.

Ich glaube, man kann als *stronzata* beziehungsweise *bullshit* (oder eben »Scheißdreck«) – auch etwas definieren, was sein Geld nicht wert ist, weil es nicht funktioniert (»Dieser elektronische Korkenzieher ist eine *stronzata*«), aber gewöhnlich wird der Ausdruck für etwas gebraucht, was behauptet, gesagt oder vorgeführt worden ist: »Da hast du eine *stronzata* gesagt, dieser Film ist eine echte *stronzata*« – also ganz wie im Englischen *bullshit*. Und mit dem eminent semiotischen Bullshit beschäftigt sich Harry G. Frankfurt, ausgehend von einer Definition, die ein anderer amerikanischer Philosoph, Max Black, von »Humbug« (im Sinne von Quatsch oder Blödsinn) gegeben hat, nämlich: »insbesondere durch hochtrabendes Gehabe in Wort und Tat irreführende und verfälschende, an Lüge grenzende Darstellung eigener Gedanken, Gefühle oder Einstellungen«.

Nun muß man wissen, daß amerikanische Philosophen sehr sensibel für das Problem der Wahrheit unserer sprachlichen Äußerungen sind, so sehr, daß sie ihre Zeit damit verbringen, sich zu fragen, ob es wahr oder falsch ist zu sagen, Odysseus sei nach Ithaka zurückgekehrt, wo doch Odysseus niemals existiert hat. Für Frankfurt geht es also erstens darum, zu definieren, in welchem Sinne Bullshit ein stärkerer Ausdruck als Humbug ist, und zweitens, was es heißt, eine falsche Darstellung von etwas zu geben, ohne zu lügen.

Für das letzte Problem braucht man nur auf die breite einschlägige Literatur von Augustinus bis heute zurückzugreifen: Wer lügt, weiß, daß das, was er sagt, nicht wahr ist, und er sagt es, um zu täuschen. Wer etwas Falsches sagt, ohne zu wissen, daß es falsch ist, lügt nicht, sondern irrt sich bloß oder ist ein Narr. Ich nehme an, wenn jemand guten Glaubens sagen würde, daß die Sonne sich um die Erde dreht, würden wir das als Humbug, ja vielleicht sogar als Bullshit bezeichnen. In der Definition von Max Black steckt jedoch der Umstand, daß, wer Humbug redet, damit ein falsches Bild nicht nur der äußeren Realität, sondern auch der eigenen Gedanken, Gefühle und Einstellungen in die Welt setzen will.

Dasselbe gilt freilich auch für den, der lügt: Wenn einer sagt, er habe hundert Euro in der Tasche (und das ist nicht wahr), dann tut er das nicht nur, um uns glauben zu machen, in seiner Tasche befänden sich hundert Euro, sondern auch, um uns einzureden, daß er glaubt, hundert Euro zu haben. Aber Frankfurt stellt klar, daß Humbug im Unterschied zur Lüge nicht primär dem Zweck dient, falsche Vorstellungen über den besprochenen Sachverhalt zu verbreiten, sondern eher einen falschen Eindruck von dem, was im Kopf des Sprechers vorgeht. Wenn dies der Zweck des Humbugs ist, dann erreicht dieser nicht den Status der Lüge, denn – um ein Beispiel von Frankfurt zu benutzen – ein Präsident der Vereinigten Staaten kann sich am Nationalfeiertag in bombastischen Worten über das segensreiche Wirken der Gründerväter und deren göttliche Führung ergehen, nicht um damit Vorstellungen zu verbreiten, von denen er weiß, daß sie falsch sind, sondern um den Eindruck zu erwecken, daß er ein frommer und vaterlandsliebender Mensch sei.

Charakteristisch für Bullshit im Vergleich zu Humbug ist nun, daß es sich zwar gewiß um eine falsche Behauptung handelt, die vorgebracht wird, um etwas über uns glauben zu machen, aber daß es dem Sprecher dabei ganz gleichgültig ist, ob er die Wahrheit sagt oder lügt. »Der Bullshitter ... verbirgt vor uns, daß der Wahrheitswert seiner Behauptung keine besondere Rolle für ihn spielt.« Sätze dieser Art lassen aufhorchen, und tatsächlich bestätigt Frankfurt unsere schlimmsten Ahnungen: »Auf dem Gebiet der Werbung und der Public Relations und dem heutzutage eng damit verbundenen Gebiet der Politik finden sich zahllose eindeutige Fälle von Bullshit, die als unbestreitbare und sogar klassische Beispiele dieses Genres gelten können.« Zweck und Ziel des Bullshits ist ja auch nicht, über irgendwelche Sachverhalte zu täuschen, sondern Eindruck zu machen auf Leute, deren Fähigkeit zur Unterscheidung von wahr und falsch nicht besonders ausgeprägt ist – oder denen diese Nuancen ebenfalls gleichgültig sind. Ich glaube, wer Bullshit redet, vertraut auch auf das schlechte Gedächtnis seiner Zuhörer, das ihm erlaubt, sogar serienweise Bullshit zu produzieren, der in sich selbst widersprüchlich ist. »Der Bullshitter ... versucht immer, auf die eine oder andere Weise, uns über sein Vorhaben zu täuschen.«

(27. Oktober 2005)

Im Krebsgang

Während wir uns dem Ende der ersten fünf Jahre des dritten Jahrtausends nähern, empfiehlt es sich, eine vorläufige Bilanz zu ziehen. In einem Streichholzbrief aus dem vorigen Jahrtausend hatte ich darauf hingewiesen, daß in letzter Zeit technologische Entwicklungen eingetreten sind, die echte Rückschritte darstellen. Die Schwerkommunikation war gegen Ende der siebziger Jahre in die Krise geraten, als die Fernsehgeräte uns noch einer passiven Nutzung unterwarfen und Töne von sich gaben, von denen die Nachbarn sich gestört fühlen konnten. Der erste Schritt zur Leichtkommunikation war mit der Erfindung der Fernbedienung gemacht worden, mit der die Zuschauer den Ton regulieren und die Arbeit des Zapping verrichten konnten, wodurch sie in eine Phase kreativer Freiheit eintraten, die sogenannte »Blob-Phase«. Die Befreiung vom Fernsehen erfolgte dann durch den Kassettenrecorder, mit dem sich die Evolution zum Kino realisierte.

Was die alten Fernsehprogramme betraf, so konnte man – da die Sender selbst angefangen hatten, erläuternde Schriftzeilen unter den Bildern laufen zu lassen – sich nun Sendungen programmieren, in denen, während zwei Personen sich lautlos küssen, darunter ein Band mit der Aufschrift »Ich liebe dich« zu sehen war. Auf diese Weise sollte die leichte Technologie am Ende den Stummfilm erfinden. Partiell wurde diese Phase vom Internet antizipiert, wo der Benutzer auch nur unbewegliche Bilder ohne jeden Bedarf an Tönen empfangen konnte. Im übrigen hatte uns das Internet mit seiner eminent alphabetischen Kommunikation schon in die Gutenberg-Galaxy zurückversetzt.

An diesem Punkt konnte man auch die Bilder eliminieren, indem man eine Art Schachtel erfand, die nur Töne von sich gab und nicht einmal eine Fernbedienung erforderlich machte, da man das Zapping direkt durch Drehen eines Knopfes ausführen konnte. Man denke jetzt nicht, ich sei damals dank meiner Phantasie im Begriff gewesen, das Radio zu erfinden: Ich sah nur die Heraufkunft des iPod voraus.

Das letzte Stadium wurde schließlich erreicht, als, nach den Übertragungen durch den Äther, mit dem Pay-TV die neue Ära der Übertragung durch Kabel begann, womit man von der drahtlosen Telegraphie zur Telephonie per Draht überging, also Marconi überwand und zu Meucci* zurückkehrte.

Daß man sich rückwärtsschreitend bewegte, war schon nach dem Fall der Berliner Mauer klar, als die Verleger von Atlanten alle ihre Bestände verramschen mußten (die obsolet geworden waren, weil sie noch die Sowjetunion, Jugoslawien, die DDR und andere Monstrositäten dieser Art zeigten). Zum Glück konnten sie jedoch die vor 1914 gedruckten Atlanten wieder ausgraben, auf denen es ein Serbien, ein Montenegro, die baltischen Länder usw. gab.

Aber die Geschichte der Rückschritte ist hier noch nicht zu Ende, und die ersten fünf Jahre des dritten Jahrtausends waren besonders ertragreich. Nach den fünfzig Jahren des Kalten Krieges haben wir mit Afghanistan und dem Irak die triumphale Rückkehr des heißen Schießkriegs, in

---

* Der Italiener Antonio Meucci hatte 1856 in New York, zwei Jahrzehnte vor Graham Bell, das Telephon erfunden (A. d. Ü.).

dem sogar die denkwürdigen Attacken der »schlauen Afghanen« des 19. Jahrhunderts am Khyber-Paß wieder zu Ehren kommen, desgleichen eine Neuauflage der Kreuzzüge mit Zusammenstößen zwischen Christentum und Islam, einschließlich der selbstmörderischen Assassinen des Alten vom Berge, und eine Rückkehr zu den ruhmreichen Ereignissen von Lepanto (einige schmale, aber sehr erfolgreiche Bestseller der letzten Jahre ließen sich gut mit dem Schrei resümieren: »Mama, die Türken!«).

Wiederauferstanden sind die christlichen Fundamentalisten, die schon zur Chronik des 19. Jahrhunderts zu gehören schienen, samt Wiederaufnahme der Polemiken gegen Darwin, und am Horizont erhebt sich von neuem (wenn auch in demographischer und ökonomischer Form) das Gespenst der Gelben Gefahr. Seit geraumer Zeit halten sich unsere Familien farbige Sklaven, wie in *Vom Winde verweht*, und es gibt wieder die großen Wanderungen barbarischer Völker, wie in den ersten Jahrhunderten nach Christus.

Triumphierend zurückgekehrt ist der Antisemitismus mit seinen Protokollen, und die Faschisten (wie »post« auch immer, aber einige sind noch die gleichen) sitzen in der Regierung. Wiederaufgebrochen ist der postcavourianische Streit zwischen Kirche und Staat, und – um auch quasi postwendende Wiederkehren zu registrieren – die Democrazia cristiana ist in verschiedenen Formen wiederaufgetaucht. Im übrigen scheint es, daß wir uns der Zeit vor der Resistenza wieder annähern. Abgesehen davon, daß wir uns mit der devolutionären Lega Nord auf ein vorgaribaldinisches Italien zubewegen. Es scheint fast, als ob die Geschichte, ermüdet von den Sprüngen, die sie in den letzten zwei Jahrtausenden gemacht hat, sich in sich selbst zurückspult, um zu den bequemen Ruhmesfeiern der Tradition zurückzukehren.

Man könnte hier einwenden, daß zumindest in Italien etwas Neues eingetreten sei, nämlich die Instauration einer Form von Populismus nach dem Muster der Dritten Welt, verübt von einem privaten Unternehmen in dessen eigenem privaten Interesse. Es handelt sich gewiß um ein neues Phänomen, jedenfalls auf der europäischen Bühne.

Wäre nur nicht zugleich, um die Retro-Tendenz der Ereignisse zu bestätigen, die Figur des Monarchen im dekadenten Römischen Reich wiederaufgetaucht, der sich eine Stirnbinde um den Kopf wickelt, sich die Wangen schminkt und die Haare salbt und zur Lyra singt, während Rom brennt.

(22. Dezember 2005)

Wer hat das Prestige der Nation gerettet?

Zunächst muß ich betonen, daß ich, während ich dieses schreibe, noch nicht weiß, wie es mit dem Nachzählen der Stimmzettel ausgehen wird. Dennoch glaube ich, daß die folgenden Überlegungen in jedem Fall gültig bleiben, denn ich möchte vom Votum der Italiener im Ausland sprechen, und auch wenn sich noch etwas daran verändern sollte, bliebe die Tatsache, daß dieses Votum kein massiv rechtes war. Das hat all jene überrascht, die, wie die meisten Angehörigen meiner Generation, eine Überzeugung kultiviert haben, welche sich grob in dem Satz resümieren ließe: Die Auslandsitaliener sind alle Faschisten.

Es war eine engstirnige und falsche Überzeugung, doch um jenem Diktum von Andreotti die Ehre zu geben, demzufolge schlecht über jemanden zu denken Sünde ist, aber manchmal ins Schwarze trifft – warum, bitte sehr, hat ein in der Wolle gefärbter und immer noch heiter nostalgischer Faschist wie Tremaglia[*] die zweite Hälfte seines Lebens (die »demokratische«) damit verbracht, sich für das Stimmrecht der Italiener im Ausland einzusetzen? Tatsache ist, daß sich beim Gedanken an die Auslandsitaliener zwei Bilder aufdrängten. Einmal das von Südamerika, und wir alle wissen, wie viele ehemalige Nazis und Faschisten

---

[*] Mirko Tremaglia, Mitglied der Alleanza nazionale (davor der neofaschistischen Partei MSI), in Berlusconis zweiter und dritter Regierung »Minister für die Italiener in der Welt« (A. d. Ü.).

sich am Ende des Krieges dorthin geflüchtet hatten. Zum anderen das von Little Italy in New York, wo es noch zwei Restaurants gibt (oder gab, denn jedesmal, wenn man in diese Stadt kommt, hat sich dort alles verändert), die nach Benito heißen, und wo man in gewissen kleinen Läden neben populären alten Drucken und Heiligenfigürchen auch Büsten des Duce findet.

Zweifellos waren viele Italoamerikaner der ersten Generationen Nostalgiker, da sie, aus tiefer Erniedrigung und Armut gekommen und auch in ihrem neuen Land weiter ausgebeutet und erniedrigt, in den Jahren zwischen den Weltkriegen einen wiedererwachten Nationalstolz empfanden, nicht nur, weil Marschall Balbo den Ozean überquert und Amerika sich über sein Unternehmen begeistert hatte, sondern auch, weil sie sahen, daß die Welt Mussolini ernst nahm und jedenfalls aufmerksam nach Italien blickte. Da sie selbst die demokratischen Freiheiten ihres Aufnahmelandes genossen, erlitten sie die Diktatur nicht am eigenen Leibe, sondern erlebten den Faschismus nur durch das Bild (so illusorisch es sein mochte), das er im Ausland von sich verbreitete.

Wenn man bei uns an die inzwischen eingebürgerten Landsleute in Amerika dachte, übersah man häufig, daß ihre Kinder am Kampf gegen den Nazifaschismus teilgenommen hatten und daß, während die Großeltern noch als Analphabeten gekommen waren, die Enkel inzwischen zur Universität gingen. Außerdem sind die Italiener im Ausland längst nicht mehr nur die in Little Italy. Wer zum Beispiel Toronto kennt, weiß, daß es in seiner großen italienischen Gemeinde eine starke gewerkschaftliche Präsenz gibt; und ganz anderen Ursprungs wie auch ganz anderen Geistes sind die jüngeren Emigranten, die nach dem

Krieg in verschiedene europäische Länder gingen, besonders diejenigen, die ihre italienische Staatsbürgerschaft behalten haben. Zu schweigen von den vielen anderen Migrationsrealitäten.

Gleichwohl hatten sich diese Stereotype, so falsch sie waren, sehr weit verbreitet, in der Rechten – siehe das Engagement Tremaglias – ebenso wie in der Linken, wo man dieses Engagement mit Argwohn sah. Im übrigen war es ja auch keine gänzlich falsche Überzeugung, daß Emigranten, die durch starke Nostalgiegefühle mit der alten Heimat verbunden sind, empfänglicher für den Appell jener Parteien sein könnten, die von nationalistischer Rhetorik leben, und so erschien es nicht unwahrscheinlich, daß die im Ausland lebenden Italiener, zumal wenn sie zu einem gewissen Wohlstand gekommen sind, unweigerlich zu konservativen Gefühlen neigen, wenn konservativ sein heißt, tendenziell jene Parteien zu unterstützen, die einem die minimalen, aber mühsam erkämpften Privilegien garantieren.

Dies war es, was das Wahlergebnis vom 9. April einigermaßen überraschend gemacht hat. Als Grund für die vielen falschen Prognosen möchte ich zu erwägen geben: Vielleicht hatte man nicht genügend bedacht, daß die Italiener im Ausland nicht mehrheitlich Zeitungen wie *Il Giornale*, *Il Foglio* oder *Libero* lesen und weder die von Propaganda durchwirkten Unterhaltungssendungen noch die Nachrichten des italienischen Fernsehens sehen, sei's der RAI oder der privaten Sender. Daher ist ihnen nie der Verdacht gekommen, daß Berlusconis Italien, wie es seine Propaganda mit pausenlosem Getrommel behauptete, im Ausland großes Prestige genieße und unser Regierungschef von den Großen der Erde ernst genommen werde, mit denen er jeden Abend in die Pizzeria gehe, um ihnen Ratschläge zum Regieren der Welt zu erteilen.

Im Gegenteil, die stimmberechtigten Italiener im Ausland lasen die Zeitungen der Länder, in denen sie leben, und all diese Zeitungen, einschließlich der konservativen, haben Berlusconi stets so dargestellt, wie er in der Welt erschien, und ständig das Bild eines sehr tief gefallenen Italiens gezeichnet. Daher die verständliche Reaktion derer, die fern ihrer alten Heimat, um ihr eigenes Prestige und ihre nationale Identität zu retten, den Wunsch hatten, daß ihr Herkunftsland eine bessere Figur abgebe. Aus denselben Gründen, aus denen einst ihre Großeltern stolz darauf gewesen waren, daß Italo Balbo den Atlantik überquert hatte, haben sich jetzt viele Italiener im Ausland über Berlusconi geschämt. In diesem Sinne haben sie klar zu verstehen gegeben (auch denen, die es nicht glauben wollten), wie das Abenteuer Berlusconi in der Welt gesehen worden ist.

(25. April 2006)

Zu dieser Auswahl

Umberto Ecos Kolumne *La Bustina di Minerva* erscheint seit März 1985 auf der letzten Seite des Römischen Nachrichtenmagazins *L'Espresso*, bis März 1998 wöchentlich, seitdem vierzehntäglich.* Eine Auswahl aus den ersten sieben Jahren, vorwiegend Texte, die sich als Satiren auf die Sitten und Bräuche des Alltagslebens charakterisieren lassen, hat er 1992 in seinem Band *Il secondo Diario Minimo* zusammengestellt (deutsch in Auswahl: *Wie man mit einem Lachs verreist und andere nützliche Ratschläge*, Hanser 1993), eine weitere 1999 aus den Texten der neunziger Jahre in seinem Band *La Bustina di Minerva* (deutsch in Auswahl: *Derrick oder die Leidenschaft für das Mittelmaß*, Hanser 2000).

Die vorliegende Auswahl ist, nach dem Muster der vorangegangenen, aber diesmal nicht vom Autor selbst, sondern von seinem Übersetzer, aus den Texten seit Anfang 2000 getroffen worden. Leitlinie war dabei, nach Möglichkeit alles aufzunehmen, was auch jenseits seines unmittelbaren Anlasses und außerhalb seines zeitlichen und räumlichen Ortes ohne allzu viele Erläuterungen verständlich ist, also umgekehrt alles auszuschließen, was sich zu sehr auf Tagesereignisse im gesellschaftlichen Leben Italiens oder auf hierzulande allzu wenig bekannte Einzelheiten seiner Kultur bezog.

Weggelassen werden mußten auch alle direkt politischen Texte, da sie zusammen mit ähnlichen anderen aus demselben Zeitraum

---

* In deutscher Übersetzung ist eine erste Auswahl unter dem Titel »Streichholzbriefe« von April 1986 bis April 1987 und von September 1987 bis März 1988 in der Wochenzeitung *Die Zeit* erschienen, sodann eine zweite, sehr viel kleinere (10 Texte) von Juni bis August 1996 im *Zeit-Magazin*.

in einen vom Autor selbst zusammengestellten Band über die politische Entwicklung Italiens aufgenommen wurden, der unter dem Titel *A passo di gambero* (»Im Krebsgang«) im Januar 2006 erschienen ist und im Frühjahr 2007 auf deutsch erscheinen wird. Das erklärt, warum in der vorliegenden Auswahl nur hin und wieder indirekt von der Rolle Berlusconis und der Medien in der italienischen Realität die Rede ist. Tatsächlich hat Umberto Eco darüber sehr häufig und auch sehr direkt geschrieben.

Anders als in den vom Autor selbst besorgten Bänden sind die Texte hier nicht thematisch, sondern in chronologischer Folge geordnet worden. Abgesehen von der Schwierigkeit, eine so breite Themenvielfalt unter irgendwelche Rubriken zu ordnen (zumal eben die Rubrik der politischen Texte im engeren Sinne fehlte), schien es uns angebracht, durch die zeitlich korrekte Anordnung (mit einer einzigen kleinen Ausnahme) auch die wechselnden Stimmungslagen dieser nun seit über zwanzig Jahren das öffentliche Leben Italiens begleitenden und kommentierenden Kolumne spürbar zu machen. Aus demselben Grund hat auch die Übersetzung diesmal weniger als in früheren Bänden die einzelnen Texte »für den deutschen Leser zurechtgemacht«, sondern sie im Vertrauen auf das gewachsene Wissen um die Realien in unserem Nachbarland häufiger so präsentiert, wie sie sich dem Leser des Originals darboten. Knappe Erläuterungen zu Personen oder, wo es sinnvoll erschien, zu Anspielungen auf seinerzeit vieldiskutierte Fakten wurden in Fußnoten beigegeben.

Was schließlich das Grundkonzept der Kolumne angeht, so genügt es, hier zu wiederholen, was Eco in der Einleitung zu seiner letzten Auswahl von *Streichholzbriefen* geschrieben hat: »Der Titel ›Bustina di Minerva‹ bezieht sich auf jene kleinen Streichholzhefte, die von der Firma Minerva hergestellt werden, und auf die Tatsache, daß man sich auf der Innenseite des Deckels oft Adressen oder Telefonnummern notiert, Einkaufslisten anlegt oder auch (wie ich) eben festhält, was einem gerade durch den Kopf geht, während man im Zug unterwegs ist, in der Bar oder im Restaurant sitzt, Zeitung liest, ein Schaufenster betrachtet, in den

Regalen einer Buchhandlung stöbert. Daher hatte ich von Anfang an festgelegt, daß ich, falls es mir eines Abends aus ganz persönlichen Gründen einfallen sollte, über Homer nachzudenken, darüber schreiben würde, auch wenn Homer nicht gerade die Titelseiten der Zeitungen füllt. Wie man sieht, habe ich es oft so gehalten, mit oder ohne Homer.«

Vielleicht ist auch dieses Zitat noch nützlich, es stammt ebenfalls aus Umberto Ecos Einleitung zu dem Auswahlband von 1999: »Man wird sehen, daß die *Bustine*, auch wenn sie heiter sind, fast immer auf etwas reagieren, was mich geärgert hat. Sie handeln nur selten von dem, was mich freut, und viel öfter von dem, was mir nicht gefällt. Aber es gibt so vieles, worüber wir uns empören müßten, daß mir jetzt sofort jemand vorwerfen wird, ich hätte über vieles geschwiegen, was andere zu Recht angeprangert haben. Ich bitte um Entschuldigung, da habe ich wohl im Moment nicht aufgepaßt.«

Burkhart Kroeber, Mai 2006

Inhalt

Die Wunder des Dritten Jahrtausends 5
Die Hacker sind systemnotwendig 8
Vom Lesen im Bett 11
Erinnerung an eine Kindheit im Krieg 14
Leibfreudige Katholiken und bigotte Laien 17
Die radiophone Hypnose 20
Der Untergang des Vierten Rom 23
Reisen ins Immergleiche 26
Diebstähle mit Pfiff 29
Das mehrfach gewandelte Image der Polizei 32
Die unwillentlichen Verbündeten von Bin Laden 35
Eine Botschaft für Leser in zehntausend Jahren 39
Karneval allüberall 43
D'Artagnans Einzug ins Panthéon 47
Odysseus zwischen Togliatti und Agamemnon 51
Schüsse mit Empfangsbescheinigung 55
Winkewinke machen im Fernsehen 59
Große Kriege, kleine Frieden 63
Mandrake ein italienischer Held? 67
Gebt uns ein paar Tote mehr 71
Nachruf auf einen großen Dichter 75
Gibt es eine europäische Identität? 79
Wie man eine Schuld auf Raten abzahlt 83
Philosophieren auf weiblich 87

Hundert Jahre leben *91*
Die großen Plagen, vom Winde verweht *95*
Kann das Publikum dem Fernsehen weh tun? *99*
Philosophie auf dem Nachttisch *103*
Hände weg von meinem Sohn! *107*
Die Rückkehr der Bildervergötzung *111*
Tragisch inaktuell *115*
Die Freude, Primus zu sein *119*
Ein Mensch, der liest, gilt für zwei *123*
Die Unermeßlichkeit der Irrelevanz *127*
Im Mare Magnum *131*
Jemand sein *135*
Die sinnlosen Schrecken des Karnevals *139*
Reise zum Mittelpunkt von Jules Verne *143*
Der rechte Winkel *147*
Ricœur zuerst und zuletzt *151*
Unsere tägliche Horrormeldung gib uns heute *155*
Mit Verlaub gesagt *159*
Im Krebsgang *163*
Wer hat das Prestige der Nation gerettet? *167*

Zu dieser Auswahl *171*